D0745652

WILLIAMS-SONOMA

WITHDRAWN
Damaged, Obsolete, or Surplus
Jackson County Library Services

MEXICANA

RECETAS Y TEXTO
MARILYN TAUSEND

EDITOR GENERAL
CHUCK WILLIAMS

FOTOGRAFÍA
MAREN CARUSO

TRADUCCIÓN
**CONCEPCIÓN O. DE JOURDAIN
LAURA CORDERA L.**

degustis

MÉXICO

CONTENIDO

MARISCOS Y POLLO

PUERCO, RES Y CORDERO

POSTRES

INTRODUCCIÓN

La historia culinaria de México es una de las más diversas del mundo. Durante miles de años la alimentación de sus primeros habitantes estuvo basada en el maíz y los frijoles, y se enriquecía con ingredientes como calabazas, jitomates, chiles y chocolate, todos productos nativos del nuevo mundo. Con la llegada de los españoles se agregaron el arroz, trigo y las frutas cítricas además de las especias del lejano oriente. Si tomamos en consideración la diversidad del territorio mexicano con sus extensas costas, elevadas montañas y densas selvas, así como la variedad de los ingredientes que ofrece cada región, es fácil entender por qué México ha desarrollado una herencia culinaria tan extensa.

Este libro intenta compartir esta riqueza con usted a través de sus recetas, incluyendo un mole poblano hervido a fuego lento durante mucho tiempo, un ceviche sencillo y un innovador pastel de chocolate con un toque de chile ancho. Además, las notas informativas laterales le ayudarán a familiarizarse con la historia de la cocina mexicana así como con sus técnicas e ingredientes. Le aconsejo que pruebe estas recetas e introduzca a su mesa una de las cocinas favoritas del mundo.

Chuck Williams

LAS CLÁSICAS

Cada región de México tiene sus propios platillos regionales, pero hay algunos platillos que son conocidos en todo el país. El guacamole se sirve en todos lados, así como los tamales, y enchiladas. Hay recetas, como los chiles rellenos con salsa de nuez, el huachinango a la veracruzana y el mole poblano que son característicos de una sola región, pero son tan conocidos que se han convertido en platillos clásicos. ¡Buen provecho!

GUACAMOLE CON TOTOPOS HECHOS EN CASA

Para hacer los totopos, agrupe las tortillas en 6 pilas de 3 tortillas cada una. Con la ayuda de un cuchillo filoso, corte cada pila en 4 ó 6 triángulos. Extienda los triángulos a dejar en una sola capa. Cubra con una toalla de cocina para evitar que se encorven y deje que se sequen por varias horas.

Precaliente el horno a 120ºC (250ºF). Vierta aceite en una sartén gruesa y profunda hasta por lo menos 2.5 cm (1 in) de profundidad. Caliente sobre fuego medio-alto hasta que un termómetro de fritura registre los 190ºC (375ºF), o hasta que al meter un trozo de tortilla en al aceite se dore rápidamente (vea Nota). Añada varios triángulos y fría, revuelva con una cuchara ranurada cerca de 30 segundos, hasta que estén ligeramente dorados y crujientes. No permita que se doren demasiado ya que se amargarían. Con la ayuda de una cuchara ranurada, pase a toallas de papel a escurrir. Repita con el resto de los triángulos. Sazone con sal de mar, si lo desea, mientras estén calientes y mantenga su temperatura en el horno mientras fríe los demás.

Para preparar el guacamole, machaque 4 cucharadas (45 g/1½ oz) de la cebolla, chiles y ajo (si lo usa) con la mano o un tenedor en un molcajete o tazón, para formar una pasta tosca. Agregue el aguacate y machaque hasta integrar por completo. Reserve 2 cucharadas del jitomate e incorpore el resto, el cilantro y el jugo de limón. Sazone con sal de mar. Deje reposar unos minutos antes de servir. Adorne el guacamole con la cebolla y jitomate restantes; sirva acompañado con los totopos calientes.

Nota: No permita que la temperatura del aceite suba a más de 190ºC (375ºF). Si llega a 200ºC (400ºF) o más, podría empezar a humear o encenderse en llamas.

Consejo de Servicio: También puede servir el guacamole con barritas de jícama. Para prepararlas, retire la piel de una jícama de 500 g (1 lb). Parta a la mitad a lo largo, después corte cada mitad en rebanadas de 12 mm (½ in) de grueso. Corte las rebanadas en barritas de 12 mm de ancho y bañe con el jugo de limón fresco.

RINDE 2¹/₂ TAZAS (625 G/20 OZ): U 8 PORCIONES SI SE SIRVE COMO APERITIVO

PREPARANDO AGUACATES

Para probar si un aguacate ya está maduro, presiónelo suavemente, debe de ceder ligeramente. Para que los aguacates se maduren totalmente introduzca en una bolsa de papel junto con un plátano. Los gases etílicos que emite el plátano aumentan la velocidad del proceso de maduración. Para preparar un aguacate, corte a la mitad a lo largo alrededor del hueso. Rote las mitades para separarlas. Coloque la mitad de aguacate que tiene el hueso sobre una tabla de picar, con la ayuda del filo de un cuchillo golpee el hueso a que quede encajado, saque por completo girando. Para retirar la carne meta una cuchara entre la carne y la piel o retire la piel con un cuchillo. O, si lo desea, mientras tiene la piel corte la carne en cubos (vea el método de la receta en la página 13).

PARA LOS TOTOPOS:

18 tortillas blancas lo más delgadas posible, de 10 a 15 cm (4-6 in) de diámetro

Aceite de canola o girasol para freír

Sal de mar (opcional)

PARA EL GUACAMOLE:

6 cucharadas (60 g/2 oz) de cebolla blanca picada

2 chiles serranos, sin semillas (página 39) y finamente picados

1 diente de ajo, picado (opcional)

2 aguacates Hass maduros, partidos a la mitad, sin hueso y sin piel *(vea explicación a la izquierda)*

1 jitomate maduro, finamente picado

¼ taza (7 g/¼ oz) de hojas de cilantro finamente picado

1 cucharada de jugo de limón fresco

Sal de mar

CEVICHE

375 g (¾ lb) de filete de salmón

250 g (½ lb) de callo de hacha o vieiras, cortadas en cubos de 12 mm (½ in)

⅓ de cebolla blanca, cortada en cubos de 6 mm (¼ in)

1 taza (250 ml/ 8 fl oz) de jugo de limón fresco

½ taza (125 ml/4 fl oz) de jugo de naranja fresco

4 jitomates maduros Roma o 1 jitomate grande maduro, cortados en cubos de 6 mm (¼ in)

3 chiles serranos o jalapeños, machacados

¼ taza (7 g/¼ oz) de hojas de cilantro finamente picadas, más unas ramas enteras para decorar

3 cucharadas de aceite de oliva extra virgen

Sal de mar

1 aguacate Hass maduro

Totopos hechos en casa (página 10) o comprados

Retire la piel del filete de salmón si estuviera completa y corra sus dedos sobre el filete para revisar y retirar cualquier espina, utilice pinzas si las necesita. Corte el filete en cubos de 12 mm (½ in) y coloque en un tazón de acero inoxidable o vidrio. Añada los callos, cebolla, jugo de limón y naranja; mezcle. Tape y refrigere hasta que el pescado se vea totalmente opaco al cortar una rebanada, cerca de 4 horas.

Justo antes de servir, escurra y deseche los jugos que estaban en el tazón. Agregue los jitomates, chiles, cilantro picado y aceite de oliva; mezcle bien. Sazone con ½ cucharadita de sal de mar.

Parta el aguacate a la mitad y retire el hueso (página 10). Con la ayuda de un cuchillo y sosteniendo una mitad de aguacate, con su carne hacia arriba, corte a lo largo de la carne para hacer rebanadas de 6 mm (¼ in) de grueso, teniendo cuidado de no cortar la piel. Corte a lo ancho en rebanadas de 6 mm (¼ in) de grueso para hacer cubos. Con la ayuda de una cuchara grande, desprenda los cubos de la piel. Repita la operación con la otra mitad. Añada los cubos de aguacate a la mezcla del pescado y revuelva con cuidado.

Divida el ceviche en tazones transparentes de cristal, copas o vasos pequeños. Decore con hojas de cilantro. Sirva con los totopos.

Para Servir: Usted puede omitir los totopos y servir como tostadas de ceviche. Siga las instrucciones de la página 40 para freír las tortillas. Coloque una tortilla frita en cada plato individual y cubra con el ceviche.

RINDE 6 PORCIONES COMO BOTANA

ACERCA DEL CEVICHE

Una de las formas más sencillas de servir mariscos es hacerlo en ceviche, pequeños trozos de pescado fresco crudo del tamaño de un bocado que se "cuece" por el ácido del jugo cítrico y no por medio de calor. El origen del ceviche todavía no está muy claro. Sin embargo, su primera aparición en México fue en Acapulco en el siglo XVI. La teoría más conocida dice que la receta llegó con unos pescadores que venían del norte de Chile y del Perú. Otros expertos creen que arribó en los galeones que cruzaron las aguas entre Manila y Acapulco.

ENCHILADAS DE POLLO EN SALSA ROJA

CHILES ANCHOS

El chile ancho es la versión seca del chile poblano fresco, que se usa en interminables salsas y moles además de usarse para rellenar. Se diferencia de los otros chiles secos por que es más ancho (por lo menos 5 cm/2 in de ancho) y por su color vino oscuro. El chile mulato es parecido pero su piel es casi negra cuando se ve cerca de la luz. El chile ancho y el mulato no se pueden usar indistintamente, ya que el ancho tiene un sabor a chocolate, más bien dulce y, afrutado; y el mulato en cambio no tiene nada de dulzor.

Prepare la *salsa roja*, o salsa de chile rojo, troceando los chiles en pedazos grandes. Colóquelos en un tazón refractario y añada agua hirviendo hasta cubrir. Presione los chiles con un plato y deje remojar cerca de 15 minutos, hasta que se suavicen. Escurra los chiles. Trabajando en tandas en una licuadora, muela los chiles, jitomates con su jugo, cebolla picada, ajo y orégano hasta que esté terso, agregando ½ taza (125 ml/4 fl oz) de caldo de pollo o más si fuera necesario para obtener una consistencia suave.

Precaliente el horno a 165ºC (325ºF). En una sartén para freír sobre fuego medio, caliente 1 cucharada de aceite hasta que brille pero no humee. Vierta la salsa de chile y cocine, moviendo hasta que espese, cerca de 2 minutos. Añada el resto del caldo de pollo y cocine moviendo frecuentemente hasta que espese, cerca de 5 minutos. Pruebe y rectifique la sazón con sal de mar. Retire del fuego y reserve; mantenga caliente. Coloque una cucharada de la salsa en el fondo de un refractario de 23 por 33 cm (9 x 13 in) y mantenga caliente.

En una sartén para freír sobre fuego medio, caliente las 3 cucharadas de aceite restante hasta que esté muy caliente. Con la ayuda de unas pinzas y una espátula deslice rápidamente las tortillas, una por una, en el aceite hasta que se suavicen por ambos lados. Seque con toallas de papel. Sumerja una tortilla caliente en la salsa que está en la sartén y coloque en un plato. Ponga 1 cucharada copeteada del pollo deshebrado sobre la orilla de la tortilla cerca de usted y enrolle. Coloque en el refractario preparado poniendo la unión hacia abajo. Repita la operación con el resto de las tortillas y el pollo, acomodando las tortillas enrolladas pegadas una contra otra en el refractario. Cuando el refractario esté lleno bañe con la salsa de chile. Hornee las enchiladas aproximadamente 5 minutos, hasta que estén bien calientes. Divida las enchiladas en platos individuales precalentados y bañe con la *crema*, anillos de cebolla y rábanos. Sirva de inmediato, antes de que las enchiladas se vuelvan chiclosas.

RINDE 12 ENCHILADAS: O DE 5 A 6 PORCIONES

10 chiles anchos sin semillas (página 108)

1 lata (455 g/14½ oz) de jitomates en cubos, en su jugo

½ cebolla blanca, picada toscamente, más 1 cebolla blanca en rebanadas delgadas y separadas en anillos

6 dientes de ajo

1 cucharadita de orégano seco, de preferencia mexicano

1½ taza (375 ml/12 fl oz) de caldo de pollo (página 110) o caldo de pollo preparado bajo en sodio

4 cucharadas (60 ml/2 fl oz) de aceite de canola o girasol

Sal de mar

12 tortillas de maíz de 15 cm (6 in) de diámetro

2 tazas (375 g/12 oz) de pollo cocido, deshebrado (página 113) o sobrantes de un pollo rostizado

½ taza (125 ml/4 fl oz) de crema (página 51)

6 rábanos limpios y finamente rebanados

CHILAQUILES CON SALSA VERDE

500 g (1 lb) de tomate verde o tomatillo, con piel y lavado *(vea explicación a la derecha)*

4 chiles serranos

2 dientes de ajo

½ cebolla blanca, picada toscamente, más 1 cebolla blanca en rebanadas delgadas, separadas en anillos

1 cucharada de aceite de canola o cártamo

Sal de mar

250 g (½ lb) de totopos hechos en casa (página 10) o comprados (cerca de 8 tazas)

¼ taza (10 g/⅓ oz) de cilantro fresco picado toscamente

1 taza (250 ml/8 fl oz) de *crema* (página 51)

½ taza (75 g/2½ oz) *queso fresco* (página 115) o queso feta suave, desmoronado

Coloque los tomates verdes en una olla pequeña y cubra con agua. Hierva a fuego medio y cocine hasta que se suavicen, cerca de 5 minutos. Agregue los chiles y el ajo y continúe la cocción cerca de 5 minutos más, hasta que los tomates estén suaves. Retire del fuego.

Con la ayuda de una cuchara ranurada, pase los tomates verdes, chiles y ajo a la licuadora, reserve el líquido en donde se cocieron. Añada la cebolla picada y ½ taza (125 ml/4 fl oz) del líquido de cocción a la licuadora y mezcle hasta integrar, dejando cierta textura.

En una sartén grande o *cazuela* sobre fuego medio-alto, caliente el aceite hasta que brille sin que humee. Vierta la mezcla de tomates en una sola exhibición y mueva vigorosamente. Integre la ½ taza restante del líquido de cocción con ½ cucharadita de la sal de mar. Baje el fuego y cocine cerca de 10 minutos, sin tapar, hasta que la salsa espese. Añada más líquido si fuera necesario.

Justo antes de servir, con cuidado agregue los totopos y el cilantro a la salsa y continúe cocinando hasta que se suavicen pero no se vuelvan chiclosos, cerca de 5 minutos. Pruebe y ajuste la sazón con sal de mar.

Transfiera los chilaquiles a un tazón de servicio o a platos individuales precalentados. Para decorar, ponga una cuchara de crema, algunos anillos de cebolla y el queso desmoronado.

Preparación por Adelantado: La salsa se puede hacer hasta con 3 días de anticipación. Deje enfriar, tape y refrigere. Vuelva a calentar a fuego medio-bajo, añadiendo agua si fuera necesario.

Para Servir: Le recomendamos esta receta para servir como desayuno cuando tenga invitados o para una cena ligera.

RINDE 4 PORCIONES

TOMATILLOS O TOMATES VERDES

A pesar de su apariencia, el tomatillo no es un tipo de jitomate verde, aunque los dos son miembro de la familia de las solanáceas. El tomatillo está cubierto por una capa parecida al papel encerado que cuando se retira muestra una fruta firme color verde parecida al jitomate cereza. Esta fruta, que tiene una textura única y un sabor ácido, es el ingrediente básico para la preparación de muchas salsas cocidas, *pipianes* y moles, y es usado ocasionalmente en crudo para hacer salsas. Lave cuidadosamente el residuo pegajoso que cubre la piel antes de usarlo.

CHILES RELLENOS CON SALSA DE NUEZ

SALSA DE NUEZ
Una versión muy famosa de *chiles rellenos*, estos chiles rellenos son comúnmente preparados al principio del otoño cuando se encuentran los nuevos retoños de nueces color blanco-leche. Para preparar la salsa, muela en una licuadora 2 tazas (250 g/8 oz) de nueces; 2 tazas (500 g/1 lb) de crema ácida, 375 g (12 oz) de queso crema a temperatura ambiente y 1 taza (250 ml/8 fl oz) de leche. Añada 1 cucharadita de sal de mar, ¼ cucharadita de canela molida y ⅛ cucharadita de nuez moscada molida fresca, y haga una pasta tersa. Pruebe e incorpore ½ cucharadita de azúcar si fuera necesario. Cubra y refrigere hasta que esté bien fría.

Para hacer el *picadillo*, caliente el aceite en una sartén gruesa u horno holandés sobre fuego medio-alto, hasta que brille. Añada la cebolla y saltee hasta que se dore ligeramente, cerca de 1 minuto. Incorpore el puerco y cocine cerca de 6 minutos hasta quitar lo rosado y que se empiece a dorar. Añada los jitomates y sus jugos y cocine de 10 a 15 minutos, sin tapar, hasta que la carne esté suave y completamente cocida. Reduzca el fuego a bajo y agregue la manzana, pera, plátano macho, almendras, uvas pasas y *acitrón*. Mezcle ligeramente y añada la canela, clavo y ½ cucharadita de sal de mar o más si fuera necesario (Puede necesitar más sal de lo que usted piensa). Continúe la cocción, moviendo de vez en cuando hasta que la humedad se haya evaporado, cerca de 5 minutos. Retire del fuego.

Rellene los chiles con el *picadillo* hasta que se puedan cerrar ligeramente. Coloque en un platón de servicio o en platos individuales, cubra con la salsa de nuez. Decore con las semillas de granada y el perejil. Sirva de inmediato.

Nota: Este renombrado platillo, en México, se llama chiles en nogada. Sus colores resplandecientes verde, blanco y rojo representan a la bandera mexicana. Este platillo fue creado por las monjas de un convento en Puebla en honor a la visita de un personaje muy especial. Este platillo siempre se sirve cerca del día de la independencia, 15 de septiembre, cuando están frescos los nuevos retoños de las nueces y hay granadas maduras. Cuando compre chiles poblanos, compre 2 extras por si se le rompieran al pelarlos.

Preparación por Adelantado: El picadillo, una mezcla bien sazonada de carne molida y fruta, puede prepararse con un día de anticipación. Deje enfriar, cubra y refrigere. Recaliente a fuego medio-bajo.

RINDE 12 CHILES RELLENOS; O DE 6 A 8 PORCIONES

PARA EL PICADILLO:

¼ taza (60 ml/2 fl oz) de aceite de canola o cártamo

½ taza (75 g/2½ oz) de cebolla finamente picada

1 kg (2 lb) de lomo de cerdo, sin grasa, finamente picado

1 lata (875 g/28 oz) de jitomates picados con su jugo

⅔ taza (125 g/4 fl oz) de las siguientes frutas picadas en cubos pequeños: manzana, pera y plátano macho (página 115)

⅓ taza (45 g/1½ oz) de almendras, sin piel y picadas

⅓ taza (60 g/2 oz) de uvas pasas, picadas

⅓ taza (60 g/2 oz) de *acitrón*, picado en cubos (página 113) o piña cristalizada

½ cucharadita de canela molida

⅛ cucharadita de clavos molidos

Sal de mar

12 chiles poblanos grandes, asados, sin piel ni semillas, con tallo (página 106; vea Notas)

Salsa de Nuez (*vea explicación a la izquierda*)

Semillas de granada y ramas de perejil liso (italiano) fresco, para decorar

TAMALES DE PUERCO CON SALSA ROJA DE CHILE

ENVOLVIENDO TAMALES

Para envolver un *tamal*, coloque una hoja seca en la palma de su mano con la punta sobre su muñeca. Unte una cucharada de la pasta haciendo una capa delgada en el centro de la mitad superior y a 10 cm (4 in) hacia abajo de la hoja, dejando un margen por todos los lados. Coloque unos trozos de la carne y un poco de salsa en el centro de la pasta, envuelva las orillas largas de la hoja sobre el relleno, traslapándolas y formando un angosto *tamal*. Coloque la punta de la hoja hasta que esté a la misma distancia de la parte cortada del final. Amarre el final con un lazo de hoja para asegurar.

Ponga en una olla u horno holandés el puerco, ajo, granos de pimienta y una cucharadita de sal de mar. Añada 4 tazas (1 l/32 fl oz) de agua o la necesaria para cubrir. Deje hervir ligero a fuego medio-alto, retirando la espuma que se forme en la superficie. Reduzca a fuego a bajo, tape y hierva a fuego lento aproximadamente 45 minutos, hasta que el puerco se suavice. Retire del fuego y deje enfriar dentro del caldo. Con la ayuda de una cuchara ranurada, pase el puerco a un tazón y reserve. Con una cuchara retire la mayor cantidad posible de grasa de la superficie; deben quedar 3 tazas (750 ml/24 fl oz) de caldo restante. Si no lo hubiera, añada agua para obtener esa cantidad.

En un tazón pequeño, mezcle los chiles molidos y el comino; vierta ½ taza (125 ml/4 fl oz) del caldo para hacer una pasta ligera. Incorpore la pasta de chile en el caldo, mezclando muy bien.

En una sartén seca y grande para freír sobre fuego bajo, tueste la harina moviendo constantemente por unos segundos hasta que empiece a dorar. Rocíe el suficiente aceite para saturar la harina y continúe moviendo hasta que la mezcla se oscurezca. Moviendo constantemente, añada gradualmente el caldo de chile, eleve la temperatura a fuego medio y cocine; continúe moviendo hasta que la salsa espese y no haya grumos, cerca de 3 minutos. Añada el azúcar, orégano y sal de mar al gusto. Vierta la mitad de la salsa sobre el puerco con caldo y reserve. Tape la salsa restante con plástico adherente presionando directamente sobre la superficie, reserve. Enjuague las hojas de maíz y remoje en agua caliente cerca de 15 minutos, hasta que estén flexibles.

En un tazón grande, mezcle la harina de maíz (*masa harina)* con el chile en polvo, polvo de hornear y 1 cucharada de sal. Vierta 3 ó 4 tazas (750 ml a 1 l/24-32 fl oz) de agua tibia para hacer una pasta húmeda. En un tazón pequeño con la ayuda de una batidora eléctrica, bata la manteca por lo menos 5 minutos, hasta que tenga una consistencia cremosa. Agregue a la mezcla de harina de maíz (masa harina) y continúe batiendo cerca de 5 minutos más, hasta que la mezcla esté ligera y pueda untarse, añadiendo hasta ⅓ taza (80 ml/ 3 fl oz) más de agua si estuviera muy seca. Pruebe y rectifique la sazón agregando sal de mar.

500 g (1 lb) de cadera o espaldilla de puerco, sin hueso y cortado en cubos de 12 mm (½ in)

3 dientes de ajo

4 granos de pimienta

Sal de mar

2 chiles anchos, tostados, sin semillas (página 108) y molidos finamente (página 114)

2 chiles de árbol, tostados, sin semillas (página 108) y molidos finamente (página 114)

¼ cucharadita de comino molido

½ taza (75 g/2½ oz) harina de trigo (simple)

2 cucharadas de aceite de canola o cártamo

1 cucharadita de azúcar

½ cucharadita de orégano seco, de preferencia mexicano

50 hojas de maíz seco (totomostle)

4 tazas (1.25 kg/2½ lb) de *(masa harina)* (página 35)

2 cucharaditas de polvo de chile (página 113)

1½ cucharaditas de polvo para hornear

1 ó 1½ tazas (250-375g/8-12 oz) de manteca de cerdo fresca (página 114) o manteca vegetal a temperatura ambiente

Escurra las hojas y seque ligeramente. Separe las 30 hojas que encuentre en mejor estado y apile para preparar los tamales. Use las hojas maltratadas restantes para acomodar en la vaporera y hacer lazos. Llene el fondo de una tamalera u olla con agua hasta una profundidad de 7.5 cm (3 in). Coloque una moneda limpia en la tamalera. Cuando el agua hierva, la moneda sonará, avisándole que todavía hay agua suficiente para la vaporización. Coloque una canastilla de cocimiento al vapor o rejilla circular para pastel dentro de la olla, teniendo cuidado que el nivel de agua no toque el fondo de la canastilla o rejilla. (Quizás tenga que colocar la rejilla sobre 4 moldes refractarios invertidos de flan o ramekins).

Cubra el fondo de la canastilla o rejilla con algunas de las hojas de maíz maltratadas y coloque un embudo de metal invertido o una lata de atún vacía sin tapa ni base sobre las hojas. Rellene las hojas de maíz que eligió con la masa y el relleno. Rompa algunas de las hojas maltratadas para hacer lazos delgados y amarrar los tamales. Prepare los tamales *(vea explicación a la izquierda)* y acomode en la olla o tamalera para cocer al vapor *(vea explicación a la derecha)*. Cubra los tamales con más hojas de maíz maltratadas, una toalla de cocina limpia y una capa de plástico adherente para que el vapor no se escape. Cubra con una tapa hermética y hierva ligeramente a fuego medio-alto y deje cocer al vapor sin abrir. (Si en algún momento usted no oyera el movimiento de la moneda en la olla, retire la rejilla y vierta más agua caliente). Después de 50 minutos, saque un tamal, deje reposar por algunos minutos y abra. Estará listo si la masa se separa fácilmente de la hoja. Si no, apague el fuego y deje cocer al vapor por otros 10 minutos.

Cuando los tamales estén listos, retire de la olla o tamalera y deje reposar por algunos minutos. Recaliente el resto de la salsa a fuego bajo añadiendo más agua si estuviera demasiado espesa. Retire las hojas de maíz de los tamales, coloque 2 ó 3 tamales en cada plato individual y bañe con la salsa picante. Sirva de inmediato.

RINDE 30 TAMALES; O DE 10 A 15 PORCIONES

(La fotografía aparece en la página siguiente.)

COCIENDO LOS TAMALES AL VAPOR

Para cocer los tamales al vapor, necesitará una canastilla o rejilla circular que quepa en el fondo de una olla grande, así como un embudo de metal invertido o una lata de atún vacía sin tapa ni base. Todos estos utensilios le ayudarán a cocer los tamales al vapor perfectamente sin permitir que estén en contacto con el agua del fondo de la olla. Para colocar los tamales comience por el centro y trabajando circularmente, coloque cada *tamal* en la vaporera con la punta hacia arriba, ligeramente inclinado, apoyando la primera capa sobre el embudo o lata que puso en el centro.

HUACHINANGO A LA VERACRUZANA

1 huachinango entero de 1.5 a 1.75 kg (1-3½ lb), sin escamas, limpio y con cabeza o 6 filetes de huachinango de 155 a 185 g (5-6 oz) cada uno

8 dientes de ajo grandes

2 cucharaditas de jugo de limón fresco

Sal de mar

PARA LA SALSA:

¼ taza (60 ml/2 fl oz) de aceite de oliva

1 cebolla grande blanca, finamente rebanada

4 dientes de ajo grandes, picados

1.5 kg (3 lb) de jitomates maduros, asados y sin piel (página 108), finamente picados

20 aceitunas rellenas de pimiento, cada una cortada a lo largo en 4 rebanadas

½ taza (20 g/¾ oz) de perejil liso (italiano) fresco, picado

3 hojas de laurel

3 chiles jalapeños en escabeche, cortados a lo largo en rajas, con una cucharada del líquido del escabeche

1 cucharada de alcaparras

½ cucharadita de orégano seco y la misma cantidad de mejorana, tomillo o 4 ramas frescas de cada una

Sal de mar y pimienta recién molida

Si utiliza un pescado entero, lave por dentro y por fuera y seque. Pique sobre la piel del pescado con la punta de un cuchillo cada 4 cm por ambos lados. Si utiliza filetes, no pique. Usando un mortero o molcajete con su mano, machaque el ajo hasta formar una pasta y pase a un tazón pequeño o, si lo desea, machaque en un prensador de ajo. Añada el jugo de limón y ½ cucharadita de sal de mar; mezcle bien. Si utiliza pescado entero frote tanto la parte de adentro como la de afuera con la mezcla de ajo. Si utiliza filetes, frote por ambos lados de cada filete. Envuelva el pescado con plástico y deje marinar en el refrigerador por lo menos 30 minutos o hasta por 2 horas, volteando el pescado de vez en cuando para cubrir uniformemente.

Precaliente el horno a 180ºC (350ºF). Para preparar la salsa, en una sartén grande y pesada para freír sobre fuego medio, caliente el aceite de oliva. Añada la cebolla y saltee hasta que se suavice, cerca de 4 minutos. Agregue el ajo y continúe cociendo de 1 a 2 minutos, hasta dorar. Eleve la temperatura a fuego medio-alto, agregue los jitomates y siga cocinando de 5 a 7 minutos, moviendo constantemente, hasta que la salsa espese. Reduzca a fuego bajo e integre las aceitunas, perejil, hojas de laurel, chiles con el jugo del escabeche y las alcaparras. Agregue el orégano, mejorana, tomillo y pimienta al gusto y hierva a fuego lento de 8 a 10 minutos, moviendo constantemente, hasta que los sabores se mezclen. Sazone al gusto con sal de mar.

Engrase ligeramente con aceite un refractario de vidrio o cerámica para horno. Quite la envoltura del pescado, coloque en el refractario y cubra uniformemente con la salsa desechando las hojas de laurel. Hornee cerca de 45 minutos para el pescado entero o de 8 a 10 minutos para filetes, bañando ocasionalmente con la salsa, hasta que la carne se vea opaca al cortar en su parte más gruesa. No sobre cocine el pescado. Sirva directamente del refractario o, con la ayuda de 2 espátulas, pase con cuidado a un platón precalentado.

Para Servir: Decore con aceitunas enteras rellenas con pimiento, ramas de perejil (italiano) fresco, chiles jalapeños en escabeche y chiles güeros y/o con hojas de laurel fresco. Acompañe con Arroz Blanco (página 110).

RINDE 6 PORCIONES

COCINA VERACRUZANA

Veracruz es un puerto bullicioso del Golfo de México en donde se consumen mariscos mañana, tarde y noche. El platillo más famoso de esa ciudad mezcla la piel plateada y rojiza del huachinango adquirido en las aguas locales, con una salsa muy colorida. Cuando un platillo se describe como a la *Veracruzana*, se refiere a esta salsa espesa de jitomate y hierbas acompañada con aceitunas y alcaparras originarias de España. Los chiles güeros en escabeche, de color amarillo, siempre se incluyen como acompañamiento, tanto por su sabor como por su color.

MOLE POBLANO

MOLES

El mole poblano, considerado como una de las maravillas del mundo culinario, se reserva para celebraciones especiales. Otros moles (la palabra significa "mezcla" o "salsa") se pueden encontrar en la mayor parte de México, pero este sustancioso platillo, casi negro, se dice que se originó en la cocina de azulejos de talavera del convento de Santa Rosa en Puebla. Esta receta representa la unión culinaria entre el mundo español y el mexicano. La receta original mezclaba más de cien ingredientes de ambos continentes, así como las especias exóticas de Asia para crear esta combinación compleja.

En una sartén gruesa para freír sobre fuego medio, derrita 4 cucharadas de manteca. Añada varios pedazos de chile a la vez y fría ligeramente por ambos lados cerca de 20 segundos, hasta que cambien de color. Retire con unas pinzas, escurriendo el exceso de grasa y coloque en un tazón. Cuando haya freído todos los chiles, cubra con agua muy caliente y tape con un plato presionando hacia abajo. Deje remojar cerca de 20 minutos, hasta suavizar.

Añada 1 cucharada de manteca a la misma sartén y coloque sobre fuego medio. Fría las pasitas cerca de 20 segundos, hasta que esponjen. Retire las pasitas con una cuchara ranurada, escurriendo el exceso de grasa y coloque en un tazón. Fría las almendras en la misma grasa a que se doren ligeramente, cerca de 5 minutos. Retire con la ayuda de una cuchara, una vez más retirando el exceso de grasa y añada a las pasitas. Agregue las rebanadas de plátano macho a la sartén y fría cerca de 5 minutos, volteando conforme sea necesario para dorar. Pase a toallas de papel absorbente. Si fuera necesario, agregue más manteca y fría la rebanada de pan hasta que esté dorada y crujiente, cerca de 1 minuto por cada lado. Pase a toallas de papel. Agregue los trozos de tortilla y fría cerca de 45 segundos, hasta que estén crujientes. Escurra sobre toallas de papel. Añada el plátano macho y los trozos de tortilla a las almendras y pasitas.

En una sartén pequeña y seca sobre fuego medio, tueste las semillas de ajonjolí cerca de 2 minutos, moviendo constantemente hasta dorar. Reserve 2 cucharadas para decorar y ponga el resto en un tazón pequeño. En la misma sartén tueste las semillas de los chiles anchos a fuego medio por 1 minuto y luego añádalas a las semillas de ajonjolí. Tueste las semillas de calabaza (pepitas) a fuego medio por 30 segundos y añada al resto de las semillas. Usando la misma sartén, tueste las semillas de anís, semillas de cilantro, clavos y raja de canela a fuego medio por unos segundos, moviendo la sartén constantemente, hasta que aromatice. Agregue al tazón en donde estén las semillas y mezcle. Trabajando en tandas pequeñas, muela la mezcla de semillas en un molino de semillas hasta que se pulvericen. Reserve.

Retire los chiles del agua y reserve el agua. Trabajando en tandas pequeñas, ponga los chiles con un poco del agua de remojo en la licuadora y muela hasta dejar una mezcla tersa.

¾ taza (180 g/6 oz) de manteca de cerdo (página 114) o ¾ taza (180 ml/6 fl oz) de aceite de canola

6 chiles anchos, sin semillas (página 108), en trozos grandes, reservando 1 cucharada de semillas

4 chiles mulatos, sin semillas (página 108), en trozos grandes

4 chiles pasilla, sin semillas (página 108), en trozos grandes

¼ taza (45 g/1½ oz) de uvas pasas

¼ taza (45 g/1½ oz) de almendras

¼ plátano macho (página 115) muy suave y maduro, sin piel y rebanado

1 rebanada gruesa de pan tipo francés del día anterior

1 tortilla de maíz del día anterior en trozos

¼ taza (20 g/¾ oz) de semillas de ajonjolí

¼ taza de pepitas de calabaza, sin cáscara

½ cucharadita de semillas de anís

½ cucharadita de semillas de cilantro

2 clavos enteros

1 raja de canela auténtica de 5 cm (2 in) (página 85)

10 ó 12 tazas (2.5 a 3 l/2½-3 qt) de caldo de pollo o pavo (página 110) o caldo de pollo preparado bajo en sodio

4 jitomates, aproximadamente 500 g (1 lb) de peso total, asados (página 65)

½ cebolla blanca, rebanada y asada (página 65)

3 dientes de ajo, asados (página 65)

½ ó 1 tablilla de chocolate mexicano (45 a 90 g/1½ –3 oz) en trozos pequeños

1 cucharada de azúcar si fuera necesario

Sal de mar

PARA EL PAVO:

1.5 a 2 kg (3-4 lb) de mitades de pechuga de pavo, sin hueso y con piel

3 tazas (750 ml/24 fl oz) de caldo de pollo o pavo (página 110) o caldo de pollo preparado bajo en sodio

½ cebolla blanca, rebanada toscamente

2 dientes de ajo

Sal de mar

Coloque una olla grande u horno holandés con capacidad de 5 l (5 qt) o una cazuela de barro a fuego alto y añada 6 cucharadas (90 g/3 oz) de manteca, caliente hasta que se vea brillante. Usando una cuchara de madera, vaya presionando la mezcla de chiles sobre un colador de malla mediana colocada sobre la olla. Deseche los sólidos. Fría de 6 a 8 minutos moviendo constantemente, hasta que espese y se vea el fondo de la cazuela. Reduzca el fuego a bajo e integre 6 tazas (1.5 l/48 fl oz) de caldo y hierva a fuego lento.

En una licuadora en 3 o 4 tandas, muela los jitomates asados, cebolla y ajo junto con las pasitas, almendras, plátanos, pan y tortilla fritas, añadiendo 1 taza (250 ml/8 fl oz) de caldo a cada tanda, hasta dejar bien molido. Integre la mezcla de chiles junto con las semillas y las especias reservadas. Continúe cociendo a fuego bajo, moviendo constantemente, por 30 minutos más.

Añada la mitad del chocolate al mole con el azúcar y la sal de mar al gusto. Continúe hirviendo a fuego lento por 20 minutos más, moviendo constantemente y raspando el fondo de la cazuela. Añada más caldo si estuviera muy espeso. Rectifique la sazón y añada sal y azúcar al gusto y si usted quiere que tenga más sabor a chocolate, añada el chocolate restante (sólo debe tener un rastro de amargor). Continúe la cocción por lo menos 1 hora más, hasta que suba una capa de aceite a la superficie. Para lograr el mejor sabor, deje enfriar, cubra y refrigere toda la noche. Recaliente al siguiente día.

Cerca de 1½ horas antes de servir, cocine el pavo. Coloque el pavo, caldo, cebolla, ajo y 1½ cucharaditas de sal de mar en el horno holandés u olla grande. Agregue sólo el agua necesaria para cubrir el pavo. Cocine a fuego alto hasta que hierva, reduzca a fuego bajo. Cocine cerca de 15 minutos más, hasta que al picar con un tenedor en la parte más gruesa del pavo, su jugo salga transparente. Retire el pavo y deje reposar hasta que se enfríe lo suficiente para poder manejarlo. Corte en rebanadas de 12 mm (½ in) de grueso y bañe con el mole, espolvoree con las semillas de ajonjolí reservadas y sirva.

RINDE 8 PORCIONES

(La fotografía aparece en la página siguiente.)

CHOCOLATE MEXICANO

El chocolate hecho con las semillas del árbol del cacao nativo de México, fue una bebida sagrada de los Mayas quienes algunas veces lo sazonaban con chile o lo mezclaban con maíz. Incluso su gen botánico, *Theobroma*, significa "comida de los dioses". Por lo tanto, no nos sorprende que cuando las monjas crearon el actualmente famoso mole poblano para algunos invitados especiales, agregaran chocolate a la cazuela. Otros moles contienen trocitos de chocolate, pero no es un ingrediente esencial. Hoy en día, el llamado chocolate mexicano que es una mezcla de cacao molido, azúcar, canela y algunas veces almendras, se vende en tablillas gruesas.

ANTOJITOS

En este capítulo presentamos los "antojitos" o platillos que se desean como capricho, las botanas y entremeses. Estos son alimentos que podemos encontrar en las calles. En Guadalajara puede encontrar flautas que se venden en los mercados, mientras que en Baja California puede encontrar puestos con trozos de pescado fresco para hacer tacos. Rara vez se puede encontrar alguna esquina que no tenga un puesto de comida, ya que los antojitos son una forma característica de la alimentación en México.

TACOS DE PESCADO

SALSA MEXICANA
Esta salsa con trozos frescos es la reina de los condimentos en México. También se le conoce como *salsa pico de gallo o salsa fresca* en algunas regiones. En un tazón mezcle 500 g (1 lb) de jitomates maduros cortados en trozos de 6 mm (¼ in), ¼ de taza (45 g/ 1½ oz) de cebolla finamente picada, ¼ de taza (10 g /⅓ oz) sin apretar de cilantro fresco picado, 3 chiles serranos o jalapeños sin semillas (página 39), finamente picados y 2 cucharaditas de jugo de limón fresco. Sazone al gusto con sal de mar. Tape y deje reposar de 10 a 15 minutos para que se mezclen los sabores. Rinde aproximadamente 2 tazas (500 ml/16 fl oz).

Para preparar la pasta, mezcle en un tazón la harina, ajo, sal y el chile molido. Integre la cerveza batiendo para preparar una masa tersa. Cubra y deje reposar por una hora. Mientras tanto prepare la salsa cremosa: En un tazón pequeño mezcle la mayonesa con la salsa catsup y el yogurt hasta integrar por completo. Reserve. Para preparar los tacos, retire la piel del filete del pescado, si continúa intacta, y corra sus dedos sobre el filete para revisar que no haya espinas y retire, con la ayuda de unas pinzas, si fuera necesario. Corte el pescado en 8 tiras cada una de 7.5 a 10 cm (3-4 in) de largo y 2 cm (¾ in) de ancho; coloque en un tazón que no sea de aluminio. Rocíe con el jugo de limón, sal de ajo y chile molido; mezcle. Deje marinar a temperatura ambiente por 10 minutos. Vierta el aceite en una sartén hasta una profundidad de 2.5 cm (1 in) y caliente hasta que un termómetro de fritura registre los 190ºC (375ºF) (vea Nota, página 10). Esto podrá tomar hasta 5 minutos.

Mientras tanto, caliente un *comal*, asador o sartén a fuego medio. Cuando esté caliente, coloque 2 ó 3 tortillas apiladas sobre la superficie caliente, deje por varios segundos. Voltee las tortillas y de más vueltas hasta que estén bien calientes. Envuelva en una toalla de cocina limpia y repita la operación con las tortillas restantes. Se mantendrán calientes por 10 minutos. Si se tienen que mantener calientes por más tiempo, envuelva una toalla húmeda sobre la toalla seca y coloque el paquete dentro del horno a 95ºC (200ºF).

Seque las tiras de pescado con papel absorbente. Sumerja en la pasta, de una en una, dejando que escurra el exceso de pasta y resbale en el aceite caliente. No permita que las piezas se toquen. Fría aproximadamente 7 minutos, hasta que las tiras estén doradas y crujientes. Con la ayuda de una espátula ranurada, pase a toallas de papel para escurrir. Cuando haya freído todas, pase a un plato de servicio precalentado. Coloque la salsa mexicana, col y limones en tazones individuales pequeños, y sirva con el pescado, salsa cremosa, tortillas y salsa picante de chile. Permita que los comensales preparen sus propios tacos, envolviendo el pescado en la tortilla y añadiendo los demás ingredientes.

RINDE 8 TACOS: O 4 PORCIONES

PARA LA PASTA:

1 taza (155 g/5 oz) de harina de trigo (simple)

1 cucharadita de sal de ajo

½ cucharadita de chile de árbol molido (página 114) o pimienta de cayena

1 taza (250 ml/8 fl oz) de cerveza oscura o leche a temperatura ambiente

PARA LA SALSA DE CREMA:

⅓ taza (80 ml/3 fl oz) de mayonesa

⅓ taza (90 g/3 oz) de salsa catsup

⅓ taza (90 g/3 oz) de yogurt natural

375 g (¾ lb) de filete de huachinango, robalo o mero

1 cucharadita de jugo de limón fresco

½ cucharadita de sal de ajo

¼ cucharadita de chile de árbol molido o pimienta de cayena

Aceite de canola o de girasol para freír

8 tortillas de maíz blancas de aproximadamente 15 cm (6 in) de diámetro

Salsa mexicana *(vea explicación a la izquierda)*, col finamente rallada, 8 cuartos de limón y salsa picante de chile embotellada para acompañar

QUESADILLAS CON CHILE POBLANO

PARA LAS TORTILLAS:

2 tazas de harina de maíz (masa harina)

1¼ taza (310 ml/10 fl oz) más 2 cucharadas de agua caliente

¼ taza de sal de mar

PARA EL RELLENO:

1 cucharada de aceite de canola o cártamo

1 cebolla blanca, finamente rebanada

2 dientes de ajo, finamente picados

½ cucharadita de orégano seco, de preferencia mexicano

2 chiles poblanos, asados y sin semillas (página 106) cortados a lo largo en 12 tiras de 6 mm (¼ in) de grueso

½ cucharadita de sal de mar

250 g (½ lb) de queso Chihuahua, Muenster, Chihuahua o Monterrey Jack, rallado (aproximadamente 2 tazas)

12 hojas de epazote fresco (opcional)

Aceite de canola o cártamo para freír

Guacamole (página 10) para acompañar

Salsa mexicana (página 32) o Salsa Verde (página 111) para acompañar

Para preparar la masa para las tortillas, mezcle en un tazón la harina de maíz con el agua caliente. Con ayuda de sus manos apriete la harina con el agua para formar una masa. La masa debe estar tersa y flexible. Tape el tazón con una toalla ligeramente húmeda y deje reposar de 5 a 10 minutos. Añada la sal de mar y amase ligeramente en el tazón por 1 minuto. Divida la masa en 12 porciones iguales y utilice la palma de sus palmas para ir formando una bola con cada porción. Cubra con una toalla húmeda. Para preparar el relleno, caliente el aceite en una sartén a fuego medio. Añada la cebolla y fría cerca de 5 minutos, hasta dorar. Integre el ajo y el orégano y continúe cocinando por 1 minuto. Añada los chiles y la sal de mar; mezcle hasta que todo se haya calentado completamente. Pruebe y ajuste la sazón con sal de mar.

Para preparar las quesadillas, ponga 2 círculos de plástico adentro de la prensa para preparar tortillas (página 115). Ponga una bola de masa entre los plásticos y presione ligeramente la tapa de la prensa hacia abajo. Retire el plástico de arriba y coloque una generosa cucharada de queso rallado en el centro de la tortilla, dejando libres las orillas. Cubra con una hoja de epazote, si la usa, y una raja de chile con algunas rebanadas de cebolla. Levante el plástico de abajo para doblar la parte descubierta de la tortilla sobre el relleno. Presione las orillas juntas con sus dedos, retire de la prensa y reserve, cubriendo con una toalla ligeramente húmeda. Repita la operación hasta hacer todas las quesadillas.

Precaliente el horno a 95ºC (200ºF). Vierta aceite hasta una profundidad de 2.5 cm (1 in) en una sartén gruesa para freír y coloque sobre fuego medio-alto hasta que el aceite brille. Fría las quesadillas, de una en una, hasta dorar, 1 ó 2 minutos. Con la ayuda de una espátula ranurada pase a toallas de papel. Deje escurrir por poco tiempo y pase a un refractario para mantener calientes en el horno. Sirva de inmediato con guacamole y salsa.

Nota: Para preparar las quesadillas de una forma más rápida puede comprar la masa preparada, pero no sellarán tan bien como las tortillas hechas en casa.

RINDE 12 QUESADILLAS; U 8 PORCIONES

MASA Y MASA HARINA

La *masa*, es la pasta que se usa para preparar tortillas, tamales y muchos *antojitos* (botanas o pequeños bocadillos) como las quesadillas. Es la base de la cocina mexicana. Se prepara hirviendo los granos de maíz secos con cal para retirar el pellejo duro de los granos y después molerlos y formar una masa. Si fuera posible utilice masa fresca molida de su tortillería local u otro proveedor, no hay nada mejor que esto. La *masa* también se puede preparar con los paquetes de harina de maíz *(masa harina)* (vea fotografía superior), la cual es *masa* seca molida, pero no tendrá el mismo cuerpo y sabor que la masa fresca.

EMPANADITAS DE CAMARÓN

Para preparar el relleno, caliente el aceite en una sartén grande a fuego medio alto. Añada la cebolla y el ajo; sofría cerca de 2 minutos, hasta que estén suaves pero no doradas. Agregue el jitomate, hojas de laurel, sal de mar y pimienta al gusto. Reduzca el fuego a medio-bajo y continúe cociendo de 10 a 15 minutos, moviendo ocasionalmente, hasta que la mezcla se seque. Añada los camarones, chiles y el escabeche, aceitunas y alcaparras, y mezcle hasta que los camarones estén opacos y la mezcla se seque, cerca de 5 minutos. Retire del fuego, retire y deseche las hojas de laurel y reserve. Deje enfriar por lo menos 30 minutos o preferentemente hasta que esté totalmente frío, tape y refrigere toda la noche. Pruebe y ajuste la sazón con sal de mar y pimienta. El relleno deberá quedar muy sazonado y lleno de sabor.

Para preparar la pasta, bata en un tazón con una cuchara de madera la mantequilla con el queso crema, hasta integrar por completo. Incorpore la harina y ½ cucharadita de sal de mar; mezcle. Amase la pasta solamente hasta que se mantenga unida y se pueda formar una bola. Cubra con plástico adherente y refrigere 15 minutos.

Precaliente el horno a 190°C (375°F). Engrase ligeramente una charola de horno. Divida la pasta a la mitad sobre una superficie ligeramente enharinada. Extienda la mitad hasta dejar de 3 mm (⅛ in) de grueso. Usando un cortador de galleta redondo de 7.5 cm (3 in) corte círculos. Coloque una cucharita rebosante del relleno en el centro de cada círculo, doble el círculo a la mitad y presione con sus dedos para sellar. Use los dientes de un tenedor para ondular las orillas.

En un tazón pequeño, bata el huevo con ½ cucharadita de agua. Barnice las superficies de las medias lunas con la mezcla de huevo y coloque sobre la charola de horno preparada. Hornee las *empanaditas* cerca de 15 minutos, hasta dorar ligeramente. Pase a una rejilla de alambre y deje enfriar por lo menos 5 minutos. Sirva calientes o a temperatura ambiente.

RINDE 30 EMPANADITAS

ACERCA DE LAS EMPANADAS

Las empanadas hechas en forma de media luna y las *empanaditas*, sus gemelas hechas en miniatura, que se parecen a las pastitas de pasta de pay y a las empanadas de España, se han preparado en México y en toda Latinoamérica desde que los colonizadores españoles empezaron a sembrar trigo. Las costras suaves de harina pueden sostener rellenos dulces o salados. Las *Empanaditas* son ideales para comidas de fiesta, ya que se pueden preparar con anticipación y refrigerar por toda la noche, o congelarse hasta por 2 meses antes de hornearlas. Hornee las *empanaditas* congeladas en el horno precalentado a 180°C (350°F) de 20 a 30 minutos, hasta que estén ligeramente doradas.

PARA EL RELLENO:

2 cucharadas de aceite de canola o cártamo

½ cebolla blanca, finamente picada

3 dientes de ajo, finamente picados

750 g (1½ lb) de jitomates maduros, sin piel y finamente picados

2 hojas de laurel

Sal de mar y pimienta recién molida

500 g (1 lb) de camarones (langostinos), sin piel y cortados en piezas de 6mm (¼ in)

4 chiles jalapeños o serranos en escabeche, finamente picados con 1 cucharada del escabeche

8 aceitunas rellenas de pimiento, picadas

12 alcaparras, finamente picadas

PARA LA PASTA:

1 taza (250 g/8 oz) de mantequilla sin sal, a temperatura ambiente

185 g (6 oz) de queso crema bajo en grasa, a temperatura ambiente

2 tazas de harina de trigo (simple)

Sal de mar

1 huevo

FLAUTAS DE POLLO

1 cucharada de aceite de canola o cártamo, más el necesario para freír

½ cebolla blanca, finamente picada (aproximadamente ¾ taza/125 g/4 oz)

3 chiles serranos o jalapeños, finamente picados

2 dientes de ajo, finamente picados

1 jitomate grande maduro, picado, o ½ taza (90 g/3 oz) de jitomates de lata en cubos, drenados

2½ tazas (470 g/15 oz) de pollo deshebrado cocido al vapor (página 113)

Sal de mar

12 tortillas de maíz delgadas, de aproximadamente 15 cm (6 in) de diámetro

4 tazas (250 g/8 oz) de lechuga romana finamente rebanada

1 cucharadita de jugo de limón fresco

PARA EL DECORADO:

½ taza (125 ml/4 fl oz) de Salsa Verde (página 111) más la necesaria para acompañar (opcional)

½ taza (125 ml/4 fl oz) de crema (página 51) más la necesaria para acompañar (opcional)

6 rábanos, pelados y rebanados

En una sartén sobre fuego medio-alto, caliente la cucharada de aceite. Añada la cebolla, chiles y el ajo y sofría cerca de 2 minutos, hasta que se suavicen. Incorpore el jitomate y siga cocinando cerca de 3 minutos, moviendo constantemente, hasta que la mezcla espese y cambie de color. Integre el pollo y sazone al gusto con sal de mar; caliente completamente. Retire del fuego y reserve.

Coloque una sartén gruesa para freír o una parrilla para estufa sobre fuego medio-alto hasta que esté bien caliente. Coloque brevemente una tortilla sobre la superficie caliente hasta que esté flexible. Pase a una superficie de trabajo plana y ponga varias cucharadas del relleno de pollo en la tercera parte inferior de la tortilla. Enrolle apretando hasta formar un tubo y preparar una flauta, asegure con un palillo de madera y reserve. Repita la operación con el resto de las tortillas.

En un tazón, mezcle la lechuga con el jugo de limón. Extienda en un platón de servicio o sobre platos individuales, dividiendo uniformemente.

Vierta aceite a una sartén gruesa para freír a una profundidad de por lo menos 2 cm (¾ in) y caliente a fuego medio-alto hasta que el aceite brille y un termómetro de fritura registre los 180ºC (350ºF). Añada las flautas en tandas de 2 ó 3 al mismo tiempo hasta freír y dejar crujientes y doradas por todos lados, cerca de 4 minutos. Utilice una cuchara ranurada o unas pinzas para pasar las flautas a toallas de papel para escurrir. Mantenga calientes en un horno a temperatura baja mientras fríe el resto.

Coloque las flautas sobre la lechuga en el platón o acomode 2 ó 3 flautas en cada plato. Cubra con ½ taza de salsa a través de las flautas en forma de listón y adorne con ½ taza de crema y los rábanos. Sirva de inmediato acompañando con más salsa y crema, si lo desea.

Preparación por Adelantado: Las flautas se pueden rellenar con 45 minutos de anticipación antes de freír. Envuelva con plástico adherente y mantenga a temperatura ambiente.

RINDE DE 4 A 6 PORCIONES

MANEJANDO CHILES FRESCOS

Los chiles varían en sabor y en grado de picor. La capsaicina, sin olor ni sabor, es el elemento químico responsable del grado de "picante" en los diferentes chiles. Se concentra en las membranas que se encuentran en la parte interna de su vaina, con las semillas y la piel abrigando una menor dosis por asociación. Para reducir la fiereza del chile, retire las semillas y membranas antes de usarlos. La capsicina que no es soluble en agua, puede causar dolor si entra en contacto con los ojos u otras áreas sensibles del cuerpo. Si fuera posible, utilice guantes de hule para manejar los chiles.

TOSTADAS DE CALAMAR Y CAMARÓN

LIMPIANDO CALAMAR

Muchos mercados venden calamar ya limpio, pero usted puede limpiarlo: Jale la cabeza y tentáculos del cuerpo en una sola pieza. Corte los tentáculos de la cabeza justo debajo de los ojos; deseche la cabeza. Exprima el corte final de los tentáculos para forzar hacia fuera el cartílago duro. Jale la larga y transparente espina del cuerpo y deseche. Exprima el resto del material del cuerpo. Corte las aletas y pele retirando la membrana gris moteada que cubre el cuerpo. Enjuague perfectamente la parte interior y exterior; seque con toallas de papel. Si compra el calamar ya limpio sólo enjuague bien.

Limpie el calamar si lo requiere *(vea explicación a la izquierda)* y corte los calamares transversalmente en anillos de 12 mm (½ in) de ancho. Mantenga unidos los tentáculos si son pequeños; si son grandes corte a la mitad verticalmente. En una olla sobre fuego medio, hierva 2 tazas (500ml/16 fl oz) de agua. Añada 1 cucharadita de sal de mar y el calamar; cocine cerca de 1 minuto, hasta que se opaquen. Rápidamente enjuague bajo el chorro de agua fría para enfriar. Escurra y seque con toallas de papel. En un tazón, mezcle el calamar con la cebolla. Integre el jugo de naranja y ½ taza de jugo de limón. Añada los chiles y su escabeche junto con las zanahorias y mezcle ligeramente. Incorpore el aceite de oliva y sazone con sal de mar y pimienta. Cubra y refrigere por lo menos 2 horas o hasta por 1 día para que se mezclen los sabores.

Acomode las tortillas en una sola capa, cubra con una toalla de cocina pesada para prevenir que se encorven y deje secar por varias horas. Cerca de 1 hora antes de servir, retire la mezcla de calamar del refrigerador, integre los camarones y pruebe; rectifique la sazón. Deje reposar a temperatura ambiente mientras fríe las tortillas.

Precaliente el horno a 95ºC (200ºF). Para freír las tortillas, ponga aceite a una profundidad de 2.5 cm (1 in) en una sartén gruesa para freír y caliente hasta que un termómetro de fritura registre los 190ºC (375ºF)(vea Nota, página 10). Añada las tortillas de una en una y fría cerca de 20 segundos, hasta dejar crujientes. Con la ayuda de unas pinzas o una espátula ranurada, pase a toallas de papel para escurrir. Coloque en un refractario o charola al horno. Repita la operación hasta que estén fritas todas las tortillas.

Junto antes de servir, escurra todo el líquido de la mezcla de los calamares. En un tazón, con la ayuda de la mano de un molcajete o de un tenedor, machaque la carne del aguacate con ⅛ de cucharadita de jugo de limón, espolvoree con sal de mar, formando una pasta tosca. Cubra cada tostada con un poco de la mezcla de aguacate. Añada una capa delgada de lechuga y cubra con la mezcla de mariscos. Decore con las ramas de cilantro y coma con la mano.

RINDE 6 PORCIONES COMO ENTRADA: O 12 PORCIONES COMO BOTANA

750 g (1½ lb) de calamares pequeños limpios o 1.25 kg (2½ lb) de calamares sin limpiar

Sal de mar y pimienta recién molida

½ cebolla morada pequeña, finamente picada

1 taza (250 ml/8 fl oz) de jugo de naranja fresco

½ taza (125 ml/4 fl oz) de jugo de limón fresco, más ⅛ de cucharadita

3 chiles jalapeños en escabeche, rebanados en anillos, con 2 cucharadas de su jugo

6 zanahorias en escabeche (empacadas en el mismo frasco de los chiles) en rebanadas delgadas

½ taza (125 ml/4 fl oz) de aceite de oliva extra virgen

12 tortillas de maíz lo más delgadas posible, de aproximadamente 15 cm (6 in) de diámetro

185 g (6 oz) de camarones pequeños cocidos, picados si lo desea

Aceite de canola o cártamo para freír

1 aguacate Hass maduro, sin piel y sin hueso (página 10)

2 tazas de lechuga romana finamente rebanada

Hojas de 6 ramas de cilantro fresco

SOPAS Y ENSALADAS

Las sopas son una parte integral de la mayoría de comidas mexicanas y se sirven como entrada en forma de consomé o crema. Sin embargo, muchas sopas se sirven como platillos únicos para hacer una comida por sí mismos, como el pozole en este capítulo. Las ensaladas de lechuga y jitomate no son una parte tradicional de la cocina mexicana, pero las ensaladas con ingredientes regionales como los nopales y los berros son fáciles de encontrar y pueden agregar texturas y sabores refrescantes a muchas de las comidas mexicanas.

SOPA DE TORTILLA

En una licuadora o procesador de alimentos, muela los jitomates, cebolla y ajo hasta suavizar, agregando una pequeña cantidad del caldo de pollo si la mezcla estuviera demasiado seca. En un horno holandés o una *cazuela* u olla grande sobre calor medio-alto caliente el aceite hasta que esté brillante, pero no humee. Vierta la mezcla de jitomate de golpe y fría cerca de 4 minutos, moviendo frecuentemente, hasta que espese y se oscurezca.

Agregue el caldo y hierva. Sazone al gusto con sal de mar, reduzca la temperatura a media-baja, tape y hierva a fuego lento por 5 minutos. Agregue el epazote y continúe hirviendo a fuego lento 5 minutos más.

Para preparar los condimentos, caliente el aceite en una sartén pequeña para freír sobre fuego medio. Agregue los chiles y fría rápidamente hasta que estén crujientes, cerca de 1 minuto. Usando una cuchara ranurada, pase los chiles a toallas de papel para escurrir y séquelos con más toallas de papel para absorber el exceso de aceite.

Cuando sea hora de servir, retire las ramas de epazote de la sopa. Ponga una cantidad igual de tiras de tortilla y queso en la base de cada tazón precalentado. Integre la sopa caliente y cubra con los chiles fritos y el aguacate. Sirva de inmediato.

Notas: Para hacer las tiras o cuadros de tortilla, siga las instrucciones de la página 10 para cuadros de tortilla, usando únicamente 9 tortillas y cortándolas en tiras de 2.5 cm (1 in) de largo por 6 mm (¼ in) de ancho o en cuadros de 12 mm (½ in) en lugar de tiras. Fría como se indica y deje enfriar antes de usarlas. El queso Chihuahua es un queso mexicano con mucho sabor pero quizás no lo pueda encontrar en los supermercados norteamericanos. Un queso que se derrite fácilmente como el Muenster es un buen sustituto para esta receta.

RINDE 6 PORCIONES

EPAZOTE

Considerado por muchos jardineros como una hierba mala, el epazote picante (también llamado pazote) es considerado un tesoro culinario por los cocineros mexicanos. Esta hierba crece fácilmente en casi todos los climas, por lo que debe buscar semillas en una tienda de jardinería o plantarlos para sembrar en huertas. Tome en cuenta que el epazote se extenderá fácilmente si no se cortan las semillas maduras. Es mejor usar el epazote fresco, pero el epazote seco que se vende en los mercados mexicanos se puede usar para frijoles y sopas. Ponga 1 cucharadita de epazote en una bolsa de té para retirarlo fácilmente de sus tallos. Si usa epazote fresco, agréguelo hacia el final de la cocción.

3 jitomates maduros o 1 lata (455 g/14½ oz) de jitomates, drenados, en cubos

½ taza (60 g/2 oz) de cebolla blanca picada toscamente

2 dientes de ajo, picados toscamente

6 tazas (1.5 l/48 fl oz) de caldo de pollo (página 110) o caldo preparado bajo en sodio

1 cucharada de aceite de canola o de maíz

Sal de mar

4 ramas grandes de epazote fresco

PARA LOS CONDIMENTOS:

1 cucharada de aceite de canola o cártamo

2 chiles pasilla, sin semillas (página 108) y cortados en cuadros pequeños o tiras

Tiras o cuadros de tortilla (vea Notas)

250 g (½ lb) de queso *Chihuahua* (vea Notas) o queso Muenster, cortado en cubos de 6 mm (¼ in)

1 aguacate Hass maduro, sin hueso ni piel (página 10), en cubos

POZOLE VERDE

250 g (½ lb) de huesos de pescuezo de puerco, enjuagados; ordenados con anticipación al carnicero

8 tazas (2 l/64 fl oz) de caldo de pollo (página 110)

500 g (1 lb) de espaldilla de puerco, sin hueso

½ cebolla blanca, más ¼ picada toscamente

3 dientes de ajo, en mitades

Sal de mar

1.5 kg (3 lb) de maíz pozolero, ligeramente cocido (vea explicación a la derecha) o cacahuazintle

4 chiles serranos

500 g (1 lb) de tomatillos, sin el papelillo que los recubre, con piel y enjuagados (página 17)

2 hojas de lechuga romana, en trozos grandes

3 hojas de rábano

2 tazas (315 g/10 oz) de semillas de calabaza verde, sin cáscara (pepitas)

2 cucharadas de aceite de canola

2 ramas de epazote fresco o de perejil liso (italiano)

Tazones pequeños con col finamente rallada, cebolla blanca finamente picada, rábanos finamente rebanados y orégano seco para acompañar

8 cuarterones de limón sin semilla, para acompañar

Coloque los huesos de puerco, consomé, espaldilla de puerco, ½ cebolla, ajo y 1½ cucharadita de sal de mar en una olla grande. Hierva sobre fuego alto, retirando la espuma que se forme sobre la superficie. Reduzca el calor a medio-bajo, tape parcialmente y cocine cerca de 2 horas, hasta que la carne esté suave. Después de 1 hora, agregue el *maíz pozolero* y mezcle; continúe la cocción. Mientras tanto, llene una olla con tres cuartas partes de agua y hierva a fuego medio-bajo, agregue los chiles y tomatillos. Reduzca el calor a medio-bajo y hierva aproximadamente 10 minutos, hasta que los tomatillos o tomates verdes estén suaves. Escurra usando un colador. Trabajando en 2 tandas, ponga la mitad de la mezcla de tomatillo en una licuadora y agregue la mitad de la cebolla picada, lechuga y hojas de rábano y 1 taza (250 ml/8 fl oz) del caldo de puerco. Muela hasta suavizar. Vierta en un tazón y repita la operación con la segunda tanda. Reserve.

En una sartén para freír sobre calor medio, tueste las semillas de calabaza (pepitas) aproximadamente 4 minutos, agitando la sartén con frecuencia, justo hasta que se inflen y empiecen a dorarse. Retire del fuego, deje enfriar y muela en un molino de especias. En una sartén grande para freír sobre calor medio-alto, caliente el aceite. Agregue las semillas molidas y fría cerca de 2 minutos, moviendo frecuentemente, hasta que se forme una pasta. Integre el puré de tomatillo, reduzca el calor a medio-bajo y continúe cociendo cerca de 5 minutos, moviendo de vez en cuando, hasta espesar. Retire del fuego.

Retire el puerco y los huesos de la olla y deje enfriar. Integre un poco del caldo de puerco restante en la mezcla de semillas. Pase la mezcla a través de un colador de malla mediana colocado sobre la olla, presionando con el reverso de una cuchara. Hierva a fuego lento y cocine 30 minutos. Deshebre la carne de puerco y agréguela a la olla junto con la carne que tengan los huesos. Deseche los huesos. Agregue el epazote y 2 cucharaditas de sal de mar, mezcle y hierva a fuego lento de 20 a 30 minutos más. Vierta el pozole hacia los tazones y sirva acompañando con la col, cebolla finamente picada, rábanos, orégano y limones.

RINDE DE 8 A 10 PORCIONES

POZOLE

El maíz, el verdadero corazón y alma de la cocina mexicana, se convierte en algo totalmente diferente cuando se transforma en *pozole*. El maíz pozolero, también conocido como maíz cacahuazintle, tiene mazorcas grandes de maíz blanco que se desgranan y los granos se tratan con una solución suavizante de cal (hidróxido de calcio) de la misma forma que se procesa para hacer la *masa* (página 35), pero los granos, en vez de molerse, se cocinan hasta que están suaves. Busque el *maíz pozolero (cacahuazintle) parcialmente cocido* y empacado en los mercados mexicanos. Limpie y descabece los granos de maíz a la perfección. Puede sustituirlo por 4 latas (470 g/15 oz) de maíz cacahuazintle blanco, enjuagado, en esta receta. Agréguelo a la sopa junto con la mezcla de semillas de calabaza (pepitas).

SOPA DE FRIJOL NEGRO

Escoja los frijoles y deseche los que estén rotos y la gravilla. Enjuáguelos, colóquelos en una olla grande y agregue 8 tazas (2 l/64 fl oz) de agua caliente. El agua deberá cubrir los frijoles por lo menos por 2.5 cm (1 in). Agregue la cebolla, ajo y grasa; hierva sobre fuego alto. Reduzca el calor a medio, tape parcialmente y cocine de 2 a 4 horas, hasta que estén suaves. El tiempo dependerá de que tan frescos estén los frijoles. Si usa epazote en vez de cilantro, agréguelo en este momento con 2 cucharaditas de sal de mar y continúe cociendo aproximadamente 30 minutos más, hasta que los frijoles estén suaves. Si fuera necesario, agregue más agua caliente, para mantener el nivel del agua por lo menos 2.5 cm (1 in) por arriba de los frijoles. Retire del calor y deje enfriar ligeramente.

Trabajando en tandas, pase los frijoles a una licuadora, agregue los chiles y muela hasta que estén aterciopelados, agregando un poco más de líquido si fuera necesario, para obtener una consistencia ligera o media. Vierta el puré a la olla y sazone al gusto con sal de mar. Si usa cilantro, agréguelo en este momento. Recaliente sobre calor medio-bajo.

Mientras calienta la sopa, prepare las cebollitas de cambray. Corte la punta de la raíz de cada cebollita y deje cerca de 5 cm (2 in) de la punta verde. En una sartén para freír sobre fuego medio-alto, caliente el aceite. Agregue las cebollitas y fría hasta dorar por todos lados, cerca de 4 minutos. Retire del fuego y, cuando esté lo suficientemente fría para poder tocarla, retire las capas duras de la piel exterior, rebane en rodajas, coloque en un tazón y mezcle con un poco de sal de mar.

Vierta la sopa caliente en tazones para sopa precalentados. Cubra cada porción con un poco de crema y algunas rebanadas de cebollitas de cambray.

Nota: Si su parrilla de carbón está encendida, puede barnizar las cebollitas con el aceite y asarlas sobre fuego alto (página 78)

Preparación por Adelantado: Esta sopa se puede hacer con un día de anticipación y recalentarse, agregando más caldo de frijol o agua, si fuera necesario.

RINDE DE 6 A 8 PORCIONES

FRIJOLES NEGROS

Los frijoles son uno de los alimentos más comunes de los mexicanos, y rara vez pasa un día sin que los coman por lo menos en alguna de sus comidas. Vienen en un calidoscopio virtual de colores, en especial en el norte y centro de México. Sin embargo, en el sur los pequeños frijoles negros simplemente se cocinan en una olla con cebolla y epazote u hojas de aguacate para agregarles sabor. Siempre compre frijoles negros secos en una tienda que tenga muchas ventas para que estén lo más frescos posible y necesiten el tiempo mínimo de cocción.

2 tazas (440 g/14 oz) de frijoles negros pequeños

½ cebolla blanca, en cuarterones

4 dientes de ajo grandes

1 cucharada de manteca de puerco fresca (página 114), grasa de tocino o aceite de canola o cártamo

3 ramas grandes de epazote fresco (opcional) o ramas de cilantro fresco

Sal de mar

2 *chiles chipotles en adobo* de lata, picados toscamente

8 cebollitas de cambray maduras

2 cucharadas de aceite de canola o cártamo

1 taza (250 ml/8 fl oz) de *crema* (página 51)

CREMA DE CHILE POBLANO CON ELOTE Y HONGOS

1 cucharada de aceite de canola o *cártamo*

1 cebolla blanca, picada toscamente

2 dientes de ajo

2 tazas (370 g/12 oz) de granos de elote frescos o congelados

3 chiles poblanos, asados, sin piel ni semillas (página 106), picados toscamente

4 tazas (1 l/32 fl oz) de caldo de pollo (página 110) o caldo preparado bajo en sodio

½ cucharadita de orégano seco, de preferencia mexicano

2 cucharadas de mantequilla sin sal

250 g (½ lb) de hongos chanterelle frescos u otros hongos como los cremini o champiñones, cepillados, limpios y rebanados

Sal de mar y pimienta recién molida

½ taza (125 ml/4 fl oz) de crema *(vea explicación a la derecha)*, diluida con leche

90 g (3 oz) de queso Muenster o queso fresco (vea Nota) cortado en cubos de 6 mm (¼ in), a temperatura ambiente

En un horno holandés, *cazuela* u olla grande sobre calor medio-bajo, caliente el aceite. Agregue la cebolla y saltee hasta que esté dorada y suave, aproximadamente 2 minutos. Añada el ajo y cocine 1 minuto más. Eleve el calor a medio y agregue 1 taza (185 g/6 oz) de los granos de elote, la mitad de los chiles y 1 taza (250 ml/8 fl oz) del caldo de pollo. Hierva a fuego lento, integre el orégano y cocine de 10 a 15 minutos, sin tapar, hasta que los granos de elote estén suaves. Retire del calor y deje enfriar ligeramente.

Pase la mezcla de elote a una licuadora con ½ taza (125 ml/4 fl oz) del caldo de pollo restante y muela hasta que esté suave. Pase la mezcla a través de un colador de malla mediana hacia la olla. Agregue el caldo restante y hierva a fuego lento sobre calor medio-bajo.

Mientras la sopa se está calentando, derrita la mantequilla en una sartén para freír sobre calor medio. Agregue los chiles poblanos, el resto de granos de elote y los hongos; mezcle. Sazone al gusto con sal de mar y pimienta. Saltee aproximadamente 8 minutos, hasta que los hongos suelten su líquido y éste se evapore (quizás esto tarde más si usa hongos cremini).

Agregue la mezcla de hongos y la *crema* a la sopa, mezcle bien, tape y hierva a fuego lento 10 minutos para mezclar los sabores. Pruebe y rectifique la sazón con sal de mar y pimienta.

Vierta la sopa a tazones precalentados y adorne con el queso. Sirva de inmediato.

Nota: El queso fresco es un queso blanco, desmoronable, tipo queso cottage del que se ha retirado casi todo el líquido. Se vende en forma de barra bastante sólida y es suave y ligeramente sazonado. Es una buena alternativa para esta sopa si no encuentra queso Muenster, que es un queso más fácil de derretir.

RINDE 6 PORCIONES

CREMA MEXICANA

La *crema* crema es una crema ligeramente agria que se vende en los mercados mexicanos. La crème fraîche, su contraparte francesa, se puede encontrar en algunas tiendas y puede sustituir a la crema mexicana, o usted puede hacer su propia *crema*. Mezcle 1 taza (250 ml/8 fl oz) de crema espesa (doble) (no ultra pasteurizada) con 1 cucharada de buttermilk o yogurt con bacterias activas. Cubra con plástico adherente, haga algunos orificios en la superficie y deje reposar en algún lugar caliente (aproximadamente 30°C/85°F) de 8 a 24 horas, hasta que espese y se cuaje. Mezcle, cubra y refrigere hasta que esté fría y firme antes de usar o hasta por 1 semana.

ENSALADA DE BERROS CON NARANJA, JÍCAMA Y AGUACATE

En un tazón pequeño, bata el jugo de limón con 1 chile, 1 cucharadita de sal de mar y pimienta al gusto. Integre el aceite en un chorro delgado y constante mientras bate constantemente hasta emulsificar por completo, haciendo una vinagreta. Reserve.

Trabajando con 1 naranja a la vez, corte una rebanada de la parte superior e inferior para que se vea la pulpa. Coloque la naranja sobre una tabla de picar y, usando un cuchillo filoso, corte por los lados para retirar la cáscara y la membrana blanca. Corte la naranja a la mitad verticalmente y después corte cada mitad a lo ancho en rebanadas de 6 mm (¼ in) de grueso. Repita la operación con la naranja restante. Coloque en un tazón, agregue el berro y la jícama y mezcle.

Justo antes de servir, bañe con la vinagreta sobre la mezcla de berro e integre cuidadosamente las rebanadas de aguacate. Pruebe y rectifique la sazón con sal de mar. Sirva de inmediato.

RINDE 4 PORCIONES

JÍCAMA

Un miembro de la familia de las legumbres grandes, la crujiente jícama, de color marfil y cáscara café, es un tubérculo usado en todo México, su país de origen. La jícama tiene un sabor suave que se beneficia al ser marinada en jugo de limón o al combinarse con frutas o verduras. Se parece a los nabos ordinarios y puede variar de tamaño de 155 g (5 oz) hasta 2.5 kg (5 lb). Cuando es época de jícamas, su pulpa es jugosa y crujiente y su piel es bastante delgada. Antes de usarla, retire la piel y la capa fibrosa debajo de ella con un cuchillo filoso.

⅓ taza (80 ml/3 fl oz) de jugo de limón fresco, colado (aproximadamente 2 limones)

1 chile serrano, finamente rebanado

Sal de mar y pimienta recién molida

½ taza (125 ml/4 fl oz) de aceite de oliva extra virgen

2 naranjas navel

2 manojos de berros, aproximadamente 250 g (½ lb) en total, sin tallos largos

1 jícama pequeña, aproximadamente 375 g (¾ lb) en total, sin piel y cortada en juliana fina

1 aguacate Hass maduro, sin hueso ni piel (página 10) y rebanado a lo largo

ENSALADA DE NOPALES

2 cucharadas de aceite de canola

3 dientes de ajo, finamente picados

500 g (1 lb) de nopales (3 ó 4), limpios *(vea explicación a la derecha)* **y cortados en trozos de 6 mm (¼ in)**

¼ taza (45 g/1½ oz) de cebolla blanca finamente picada

2 chiles jalapeños o serranos, finamente rebanados en diagonal

Sal de mar

PARA EL ADEREZO:

1 cucharadita de orégano seco, de preferencia mexicano

⅛ cucharadita de mostaza Dijon

2 cucharadas de vinagre de sidra

2 cucharadas de aceite de canola

Sal de mar

1 pizca de azúcar

375 g (¾ lb) de jitomates maduros, en cubos

5 cebollitas de cambray, finamente rebanadas, incluyendo sus partes suaves de color verde

4 ó 5 cucharadas (10 g/⅓ oz) de cilantro fresco finamente picado

6 hojas interiores de 1 lechuga romana

125 g (¼ lb) de *queso fresco* o queso feta suave, desmoronado

Para cocer los *nopales*, caliente el aceite en una sartén grande y gruesa para freír o en una olla ancha sobre calor medio. Agregue el ajo y fría varios segundos hasta que aromatice. Integre los *nopales*, cebolla y chiles. Tape y cocine aproximadamente 15 minutos, moviendo de vez en cuando, hasta que estén suaves. Los nopales soltarán una sustancia pegajosa, pero la mayor parte de ella desaparecerá si se cuecen más. Destápelos y continúe cociendo aproximadamente 15 minutos más, hasta que el residuo pegajoso se haya secado. Sazone al gusto con sal de mar.

Mientras los *nopales* se cuecen, haga el aderezo. En un tazón pequeño, bata el orégano, mostaza y vinagre. Incorpore el aceite, ⅛ cucharadita de sal de mar y el azúcar.

Coloque los *nopales* calientes en un tazón. Bata rápidamente el aderezo, para volver a combinar, y vierta sobre los *nopales*. Mezcle para cubrir. Agregue los jitomates y las cebollitas de cambray y mezcle suavemente, para cubrir todos los vegetales con el aderezo. Justo antes de servir, agregue el cilantro y mezcle.

Coloque una hoja de lechuga romana sobre cada plato y cubra cada hoja con una cucharada de la mezcla de *nopales*. Reparta el queso uniformemente sobre la ensalada. Sirva de inmediato.

Variación: Si no encuentra nopales frescos, sustituya por 1 frasco (940 g/30 oz) de nopales, drenados y enjuagados. Agréguelos después del ajo, cebolla y chiles y cocine 5 minutos.

RINDE 6 PORCIONES

NOPALES

Los *nopales*, del cactus del nopal se venden en los mercados y supermercados mexicanos, por lo general ya sin espinas. Su sabor es parecido tanto a la acedera como al espárrago y se usan en ensaladas, guarniciones y con huevos. Los *nopales* se preparan fácilmente. Usando un pelador de verduras con cuchilla giratoria o un pequeño cuchillo mondador, corte cuidadosamente sus espinas y sus "ojos". Rebane toda la orilla exterior del nopal, incluyendo la punta de la base en donde estaba unido al cactus. Saldrá un líquido pegajoso, pero desaparecerá al cocerlo, o se puede enjuagar.

MARISCOS Y POLLO

Cerca de la mitad de los estados de México incluyen litorales, por lo que los mariscos son una parte muy importante en la cocina. Los patos y los guajolotes, que son nativos de México, también algunas veces forman parte de la dieta. El pollo fue introducido por los españoles y cada región tiene su propia especialidad, ya sea servido con una salsa, desmenuzado y usado como relleno u horneado envuelto con hojas de plátano. Aquí presentamos recetas que reflejan una amplia variedad de ingredientes y sabores de la cocina mexicana.

CAMARONES ENCHIPOTLADOS

PREPARANDO
CAMARONES

Para preparar un camarón, jale o corte la cabeza con un cuchillo. Retire las patas de la curva interior del cuerpo y quite la cáscara, empezando por la cabeza y dejando la cola intacta si se especifica en la receta. El intestino oscuro que corre por el dorso del camarón es inofensivo, pero a menudo se retira por razones estéticas. Para retirarlo, use un pequeño cuchillo filoso y corte una hendidura por debajo del dorso del camarón. Con la punta del cuchillo, levante el intestino y raspe suavemente para retirar el rastro oscuro.

En un tazón, mezcle el ajo, jugo de limón, sal de mar y pimienta al gusto. Agregue los camarones y mezcle hasta cubrir por completo. Deje marinar por lo menos 5 minutos, mientras prepara la salsa.

En una sartén gruesa para freír o *cazuela* sobre fuego medio-alto, caliente el aceite de oliva. Agregue la cebolla y saltee cerca de 3 minutos, hasta dorar. Agregue los jitomates y cocine, moviendo constantemente, menos de un minuto, justo hasta que tomen color. Usando una cuchara ranurada, pase la mezcla de jitomates a una licuadora, dejando escurrir el exceso de aceite sobre la sartén. Reserve el aceite en la sartén. Agregue los chiles y salsa, refresco de cola y orégano a la licuadora. Mezcle hasta obtener la consistencia de una salsa.

Retire los camarones de la marinada y seque con toallas de papel. Vuelva a colocar la sartén con el aceite reservado sobre fuego medio-alto y caliente hasta que el aceite empiece a brillar. Agregue la mitad de los camarones y cocine aproximadamente 2 minutos, hasta que estén opacos. Usando una cuchara ranurada, pase a un plato. Repita con los camarones restantes e intégrelos al plato.

Vuelva a poner la sartén aún caliente a fuego medio-alto y agregue la salsa. Fría aproximadamente 5 minutos, moviendo frecuentemente, hasta que la salsa espese y sus sabores se hagan más fuertes. Incorpore los camarones y cocine 2 minutos más hasta que se calienten por completo. Divida los camarones uniformemente entre platos individuales precalentados. Agregue un poco de la salsa de chipotle restante sobre cada porción y sirva de inmediato.

Nota: Desde principios de los años 1940s, cuando los refrescos de cola fueron introducidos por primera vez en México, a menudo se usan para sustituir al piloncillo (página 93) en platillos sencillos como esta receta, ya que se pueden encontrar fácilmente y les dan un delicioso sabor dulce a los platillos.

Para Servir: Sirva los camarones sobre Arroz Blanco (página 110).

RINDE 4 Ó 5 PORCIONES

8 dientes de ajo, finamente picados

¼ taza (60 ml/2 fl oz) de jugo de limón fresco

Sal de mar y pimienta recién molida

20 camarones grandes o langostinos, sin cáscara ni intestino, con cola *(vea explicación a la izquierda)*

¼ taza (60 ml/2 fl oz) de aceite de oliva extra virgen

½ taza (75 g/2½ oz) de cebolla blanca finamente picada

4 jitomates maduros, aproximadamente 750 g (1 ½ lb), picados o 2 latas (455 g/14½ oz cada una) de jitomates picados

2 *chiles chipotles en adobo* de lata con 1 cucharada de salsa

½ taza (125 ml/4 fl oz) de refresco de cola (vea Nota)

¼ cucharadita de orégano seco, de preferencia mexicano

PESCADO EMPAPELADO EN SALSA VERDE

6 filetes de mero o robalo de 155 a 185 g cada uno (5–6 oz) y aproximadamente 2 cm (3/4 in) de grueso

Sal de mar

250 g (½ lb) de tomatillos, sin el papelillo que los recubre, con piel, enjuagados (página 17) y picados toscamente

2 manojos de cilantro fresco, sin tallos grandes, picado toscamente

1 manojo de perejil liso (italiano) fresco, sin tallos grandes, picado toscamente

3 ramas de menta fresca, picada toscamente

3 chiles jalapeños, picados toscamente

5 dientes de ajo, picados toscamente

¼ cebolla blanca, picada toscamente

¾ taza (180 ml/6 fl oz) de vino blanco seco o agua

⅓ taza (80 ml/3 fl oz) de aceite de oliva extra virgen

Precaliente el horno a 230ºC (450ºF). Retire la piel del pescado si aún la tiene y corra sus dedos sobre el pescado para revisar que no tenga espinas, use unas tijeras de cocina si fuera necesario retirar alguna. Espolvoree con sal de mar por ambos lados.

En una licuadora, muela los tomatillos, cilantro, perejil, menta, chiles, ajo, cebolla y vino hasta formar una mezcla muy suave y espesa; se verán algunas semillas de tomatillo en la salsa. Sazone al gusto con sal de mar.

Corte 6 hojas de papel encerado (para hornear) lo suficientemente grandes para dar cabida a un trozo de pescado con facilidad. Doble cada hoja a la mitad a lo largo. Desdoble y barnice el centro de cada hoja con un poco de aceite de oliva. Ponga 3 cucharadas de la salsa en el centro de cada hoja de papel encerado, coloque un filete sobre la salsa y frote generosamente con aceite. Tape con otra ½ taza (125 ml/4 fl oz) de la salsa, asegurándose de que no llegue cerca de la orilla. Doble la mitad destapada del papel encerado sobre el pescado y corte el papel alrededor de cada porción con tijeras, empezando por el doblez y dándole forma de medio corazón alrededor del pescado y dejando una distancia de 4 cm (1½ in) alrededor de la orilla. Selle los paquetes plegando las orillas *(vea explicación a la derecha)*. Coloque los paquetes sobre una charola para hornear.

Hornee los paquetes 10 minutos. Si los paquetes están bien sellados, se inflarán y se llenarán de vapor caliente.

Retire los paquetes del horno y coloque sobre platos precalentados. Abra los paquetes con cuidado, usando tijeras, y sirva de inmediato.

Nota: También puede preparar esta receta usando papel aluminio en vez de papel encerado.

Para Servir: Acompañe con Arroz Blanco (página 110).

RINDE 6 PORCIONES

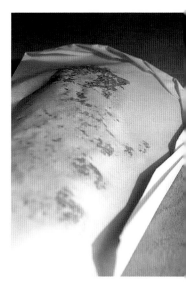

COCINANDO EN PAPEL

Sellar firmemente el pescado dentro de un paquete de hojas de hierbas, que le permite cocerse al vapor suavemente en su propio jugo, es una técnica tradicional de la cocina mexicana. Esta receta usa papel encerado en vez de hojas, el cual no tiene los sabores que proporcionan las hojas, pero este método captura los jugos y ofrece una presentación espectacular cuando se abre el paquete. (Tenga cuidado al abrirlo, pues el vapor atrapado dentro del paquete puede causar quemaduras.) Para sellar el papel encerado, empiece por la orilla abierta y doble sobre ella sobreponiendo el doblez sobre sí mismo en intervalos de 2.5 cm (1 in) de distancia para hacer pliegues.

ARROZ CON MARISCOS

Pele y retire el intestino de los camarones, reservando las cáscaras y dejando las colas intactas (página 58). Retire la piel del pescado si la tiene y pase sus dedos sobre los filetes para revisar que no tengan espinas, use unas tijeras de cocina si fuera necesario retirar alguna. Corte el pescado en trozos de 2.5 cm (1 in). Espolvoree los camarones y el pescado generosamente con sal de mar y pimienta; refrigere hasta el momento de usarse.

Coloque las cáscaras de camarón y el caldo de pescado en una olla y sazone al gusto con sal de mar. Hierva sobre calor alto, reduzca la temperatura a media, tape y deje hervir a fuego lento 20 minutos. Retire del calor y cuele hacia una jarra de medir. Agregue suficiente agua para obtener 4 tazas (1 l/32 fl oz) de líquido.

En un horno holandés u olla sobre calor medio, caliente el aceite. Agregue la cebolla y el ajo y saltee aproximadamente 2 minutos, hasta suavizar. Integre el arroz y cocine cerca de 3 minutos, hasta que esté dorado. Añada los jitomates y cocine de 4 a 5 minutos, moviendo a menudo, para combinar los sabores. Integre 2 tazas (500 ml/16 fl oz) del caldo reservado y hierva. Apenas hierva el líquido, reduzca la temperatura a media-baja, tape y cocine aproximadamente por 5 minutos. Destape, incorpore los chiles y el cebollín y agregue las 2 tazas restantes de caldo. Vuelva a tapar y continúe cocinando 5 minutos más.

Destape e incorpore el pescado, camarones y almejas, desechando aquellas que no se hayan abierto al tocarlas. Reduzca a calor bajo, vuelva a tapar y cocine de 8 a 10 minutos, moviendo de vez en cuando, si fuera necesario para evitar que se pegue, hasta que el arroz esté suave. Deseche las almejas que no se hayan abierto. Agregue 1 cucharadita de sal de mar y ½ cucharadita de pimienta, pruebe y rectifique la sazón. Incorpore el cilantro picado. La mezcla deberá tener la consistencia de una sopa espesa con un poco de líquido. Coloque el arroz y los mariscos en tazones individuales grandes y poco profundos precalentados o en un platón poco profundo precalentado. Adorne con las ramas de cilantro y sirva de inmediato.

RINDE DE 4 A 6 PORCIONES

ARROZ
Los españoles trajeron el arroz a México y éste se ha convertido en una parte indispensable de la cocina mexicana desde entonces. Los cocineros mexicanos adoptaron el método del arroz pilaf, que fríe ligeramente los granos con cebolla y ajo en aceite antes de agregarle el líquido. Pero no adoptaron el arroz corto de Valencia, España. Prefirieron el más largo y delgado. Para este platillo, conocido como *arroz a la tumbada* y que nos recuerda a la paella, es mejor el arroz de grano mediano importado de Valencia, ya que absorberá mejor el líquido que las demás variedades. Un arroz de grano mediano que crece en Estados Unidos también puede funcionar.

500 g (1 lb) de camarones grandes (langostinos) con cáscara

375 g (¾ lb) de filete de huachinango o mero

Sal de mar y pimienta recién molida

4 tazas (1 l/32 fl oz) de caldo de pescado o jugo de almeja embotellado

½ taza (125 ml/32 fl oz) de aceite de canola o maíz

½ cebolla blanca, partida a la mitad verticalmente y en rebanadas delgadas a lo ancho

5 dientes de ajo, finamente picados

1½ taza (330 g/10½ oz) de arroz blanco de grano mediano, enjuagado y escurrido

3 jitomates roma grandes, maduros, finamente picados

3 chiles jalapeños, asados y sin semillas (página 106), cortados en tiras a lo largo

3 cucharadas de cebollín fresco finamente picado

12 almejas, bien talladas

4 ó 6 cucharadas (10 a 15 g/⅓–½ oz) de hojas de cilantro fresco picado, más 6 ramas

PECHUGAS DE POLLO RELLENAS DE CALABACITAS

5 cucharadas (75 ml/2½ fl oz) de aceite de canola o cártamo

¼ taza (30 g/1 oz) de cebolla blanca en cubos pequeños

1 diente de ajo, finamente picado

¾ taza (90 g/3 oz) de calabacitas finamente picadas (aproximadamente 1 pequeña)

4 mitades de pechuga, sin piel ni hueso

Sal de mar y pimienta recién molida

3 chiles poblanos, asados y sin semillas (página 106)

4 rebanadas de queso Chihuahua o Monterrey Jack, cada una de 5 cm (2 in) de largo, 2.5 cm (1 in) de ancho y 3 mm (⅛ in) de grueso

PARA LA SALSA:

Chiles poblanos de lata, picados

¼ cebolla blanca, asada *(vea explicación a la derecha)*

1 diente de ajo, asado *(vea explicación a la derecha)*

½ taza (125 ml/4 fl oz) de crema

½ taza (125 ml/4 fl oz) de leche

2 cucharadas de mantequilla sin sal

Sal de mar

En una sartén gruesa para freír sobre calor medio, caliente 2 cucharadas del aceite. Agregue la cebolla y saltee cerca de 2 minutos, hasta que empiece a tornarse de color amarillo pálido. Integre el ajo y saltee varios segundos, agregue las calabacitas y cocine 1 ó 2 minutos más, hasta suavizar. Retire del fuego, escurra el aceite y deje enfriar. Retire el exceso de grasa de las pechugas de pollo. Coloque las pechugas, una por una, entre 2 trozos de plástico adherente o papel encerado y, usando un rodillo o la parte plana de una mazo de carnicero, golpéelas lentamente, presionando del centro hacia fuera, hasta emparejarlas a un grosor de 3 mm (⅛ in). Espolvoree las pechugas de pollo por ambos lados con ¼ cucharadita de sal de mar. Pique toscamente 2½ chiles y reserve para usar en la salsa. Corte el ½ chile restante a lo largo en 4 tiras.

Extienda las pechugas de pollo, con la parte plana hacia abajo y extienda una cuarta parte de la mezcla de calabacitas uniformemente sobre cada pechuga, dejando una orilla de 12 mm (½ in) todo alrededor. Coloque 1 tira de chile y 1 tira de queso a lo ancho del pollo. Empezando por una punta delgada del pollo, enrolle cada pechuga, dándole por lo menos 1 vuelta entera y formando un rollo gordo y apretado. Asegúrelo con palillos de madera. En una sartén grande para freír sobre calor medio-alto, caliente las 3 cucharadas restantes de aceite. Agregue los rollos y dore ligeramente por todos lados, volteando a medida que cada lado vaya tomando color, aproximadamente 6 minutos. Espolvoree con sal de mar y pimienta. Reduzca la temperatura a media y continúe cociendo de 10 a 15 minutos, volteando frecuentemente, hasta que la carne esté opaca por todos lados.

Mientras tanto, haga la salsa. En una licuadora, muela los chiles reservados, la cebolla, ajo, crema y leche, hasta que esté tersa. En una olla pequeña, derrita la mantequilla sobre fuego bajo. Integre la salsa y mueva constantemente, hasta que la mezcla espese, aproximadamente 5 minutos. Sazone al gusto con sal de mar. Mantenga caliente sobre calor bajo. Para servir, rebane cada rollo a lo ancho en 3 ó 4 rodajas. Divida entre platos individuales precalentados, bañe con la salsa de chile y sirva.

RINDE 4 PORCIONES

ASANDO CEBOLLAS Y AJO

Al asar las cebollas y el ajo se intensifica su sabor. Para asar cebollas, corte conforme lo indica esta receta. Prepare un fuego medio-alto en un asador de carbón o gas, o cubra una rejilla o una sartén gruesa para freir con papel aluminio, poniendo su lado brillante hacia arriba, y coloque sobre calor medio. Agregue la cebolla y cocine cerca de 10 minutos, volteando a menudo, hasta que esté dorada en algunos puntos y empiece a suavizarse. Deje enfriar, retire y deseche cualquier rastro de piel apapelada. Ase el ajo de la misma forma, separando, pero no pelando, cada diente de ajo y retirando cualquier piel apapelada que esté suelta. Ase hasta dorar la piel. Deje enfriar antes de pelar.

POLLO HORNEADO AL PIBIL

COCINANDO AL PIBIL

En la península de Yucatán, el pollo, pavo o puerco se marinan tradicionalmente y se cocina lentamente sobre carbón en un hoyo, o *pib*, usando un método conocido como *pibil*. En los demás lugares, se puede usar un horno convencional. Sin embargo, lo que no se puede sustituir es la marinada hecha con la pasta de *achiote*, la cual le da su sabor característico natural a este platillo. También es muy importante cerrar los alimentos en hojas aromáticas de plátano. Busque las hojas congeladas o frescas en las tiendas de alimentos especializados en comida mexicana y asiática.

Enjuague las piezas de pollo y séquelas con toallas de papel. Pique la piel del pollo en varios lugares con la punta de un cuchillo filoso, para que pueda absorber la marinada. En un tazón pequeño, mezcle el jugo de naranja agria, diluido con la pasta de *achiote*, ajo y 1 cucharadita de sal de mar. Frote las piezas de pollo por todos lados con la mezcla y colóquelas en una bolsa de plástico con cierre hermético, cierre y refrigere por lo menos durante 2 horas o hasta por toda la noche.

Precaliente el horno a 190ºC (375ºF). Extienda las 8 hojas de plátano, con la parte brillante hacia arriba. Rasgue la hoja restante en 8 tiras de 12 mm (½ in) de grueso, para usar como amarres (quizás tenga que amarrarlas para unirlas). Retire el pollo de la bolsa de plástico reservando la marinada. Coloque la mitad de la cebolla fresca y las rebanadas de jitomate en el centro de 4 hojas. Cubra con una pieza del pollo marinado y unas tiras del chile. Cubra con la cebolla fresca restante y las rebanadas de jitomate. Bañe con un poco de la marinada. Tape con otra hoja, con su parte brillante hacia abajo, doblando las puntas para sellarla. Amarre cada paquete de pollo con los amarres.

Corte 4 trozos de papel aluminio, cada uno de aproximadamente 30 por 35 cm (12 x 14 in). Envuelva cada paquete de hoja de plátano en un trozo de papel aluminio y doble las orillas fuertemente hasta sellar por completo. Coloque los paquetes sobre una charola para hornear.

Hornee los paquetes por 30 minutos. Voltee los paquetes y cocine otros 20 minutos. Retire 1 paquete del horno, ábralo y, usando un cuchillo, corte en la parte más gruesa del pollo; debe estar totalmente opaco. Si no lo estuviera, vuelva a envolver y a hornear otros minutos más.

Para servir, retire el papel aluminio y coloque cada paquete de hoja de plátano sobre un plato individual. Abra los paquetes, cubra cada porción con una cuarta parte de las rebanadas de cebolla marinada y sirva de inmediato.

RINDE 4 PORCIONES

1 pollo grande, de aproximadamente 2 kg (4 lb), con su piel intacta y cortado en 4 piezas (2 piernas con muslo y 2 mitades de pechugas)

2 cucharadas de jugo de naranja agria fresca (página 113)

2 cucharaditas de pasta de *achiote* (página 113) diluida con 2 cucharaditas de agua

2 dientes de ajo, finamente picados

Sal de mar

9 piezas de hojas de plátano, cada una aproximadamente de 40 cm (16 in) cuadrados, descongeladas si estuvieran congeladas

1 cebolla morada, finamente rebanada

2 jitomates, rebanados toscamente

1 chile güero pequeño, sin semillas (página 39) y cortado a lo largo en tiras angostas

1 taza (105 g/3½ oz) de rebanadas de Cebolla Morada Marinada (página 115)

TINGA POBLANA DE POLLO

4 muslos de pollo, aproximadamente 500 g (1 lb) en total

½ cebolla blanca, cortada en trozos, más 1 taza (155 g/5 oz) de cebolla finamente picada

4 dientes de ajo, 2 dientes ligeramente machacados y 2 finamente picados

Sal de mar

1 cucharada de aceite de canola o cártamo

250 g (½ lb) de chorizo mexicano, sin piel y desmenuzado

1 lata (455 g/14½ oz) de jitomates picados, drenados

1 cucharadita de orégano seco, de preferencia mexicano

2 hojas de laurel

2 chiles chipotles en adobo de lata con 1 cucharada de la salsa

PARA LOS CONDIMENTOS:

½ cebolla blanca, en cuarterones verticales, finamente rebanada a lo ancho y separada en anillos

2 aguacates Hass maduros, sin hueso ni piel (página 10), cortados en trozos de 12 mm (½ in)

Coloque los muslos de pollo, trozos de cebolla y ajo machacado en una olla y agregue agua hasta cubrir. Añada 1 cucharadita de sal de mar y hierva sobre calor alto, retirando la espuma que se forme sobre la superficie. Reduzca el fuego a medio-bajo y hierva a fuego lento, sin tapar, de 20 a 30 minutos, hasta que el pollo esté totalmente opaco. Usando unas pinzas o una cuchara ranurada, pase el pollo a un plato. Reserve el caldo. Cuando el pollo esté lo suficientemente frío para poder tocarlo, retire y deseche la piel y los huesos; deshebre toscamente la carne con sus dedos.

En una sartén grande para freír, horno holandés o cazuela sobre calor medio, caliente el aceite. Agregue el chorizo y fría por 5 minutos aproximadamente. Deseche el exceso de grasa de la sartén, dejando únicamente 1 cucharada. Agregue la cebolla y el ajo picado y saltee cerca de 1 minuto, hasta suavizar pero que no empiecen a dorarse. Agregue el pollo deshebrado, jitomates, orégano, hojas de laurel, chiles con su salsa y aproximadamente 1 taza (250 ml/8 fl oz) del caldo reservado para mantener la mezcla húmeda. Hierva a fuego lento cerca de 15 minutos, sin tapar, hasta que se mezclen los sabores. Agregue más caldo a la sartén si la mezcla empieza a pegarse, pero no agregue demasiado; la mezcla deberá absorber el líquido y no estar aguada. Retire y deseche las hojas de laurel y sazone al gusto con sal de mar. Pase el pollo a un platón precalentado y adorne con la cebolla y el aguacate.

Nota: La tinga, una especialidad de Puebla, significa "desorden" y se refiere a un platillo de carne sazonada deshebrada que a menudo se usa como relleno para tacos.

Preparación por Adelantado: El pollo se puede cocinar hasta con 1 día de anticipación. Tape y refrigere hasta que lo necesite. También puede preparar el platillo completo con 1 ó 2 días de anticipación y recalentarlo a fuego bajo.

Para Servir: Sirva con tortillas de maíz calientes (página 115) para que las usen los comensales para hacer tacos, o sirva sobre Arroz Blanco (página 110).

RINDE 6 PORCIONES

CHORIZO

El chorizo mexicano es puerco molido muy sazonado con chile y ajo, embutido en tripas y colgado por varios días para suavizar los sabores antes de usarlo. A diferencia del chorizo español ahumado, que es más suave, este embutido nunca se come sin cocer. Puede comprarse fresco en los mercados mexicanos y en muchas carnicerías. Nunca compre chorizo empacado en plástico. Su platillo saldría grasoso y con un sabor decepcionante. El chorizo español puede sustituirlo, pero agregue más chile molido al embutido una vez que lo haya pelado, o use embutidos italianos.

PIPIÁN DE PATO EN VERDE

Para hacer el caldo, coloque todas las menudencias (menos los hígados), pescuezos y rabadillas, cebolla, ajo, granos de pimienta, hojas de laurel y 1 cucharadita de sal de mar en una olla grande. Agregue agua fría hasta cubrir y hierva a sobre calor medio-alto, retirando la espuma que se forme sobre la superficie. Reduzca a fuego bajo, tape parcialmente y hierva a fuego lento por lo menos durante 1½ hora o hasta por 4 horas. Retire del fuego. Pase por un colador hacia un recipiente limpio. Deje enfriar, tape y refrigere durante la noche. Levante la grasa solidificada de la superficie. Deberá tener 7 tazas (1.75 l/56 fl oz).

Retire todo el exceso de grasa de las piezas de pato y sazónelas con sal de mar y pimienta. Pique la piel con un cuchillo filoso, teniendo cuidado de no picar la carne. En una sartén grande y gruesa para freír sobre calor medio-alto, caliente el aceite. Agregue las piernas y muslos, con la piel hacia abajo y fría de 10 a 15 minutos, hasta dorar, sin voltear y escurriendo la grasa que salga de vez en cuando. Pase a un plato y repita la operación para dorar las pechugas. Vuelva a colocar las piezas de pato sobre la sartén, reduzca la temperatura a media-baja, tape herméticamente y cocine aproximadamente 40 minutos, hasta que la carne esté suave.

Prepare las semillas para el *pipián (vea explicación a la derecha).* En una olla sobre calor medio, cubra los tomatillos o tomates verdes con agua. Hierva a fuego lento y cocine aproximadamente 10 minutos, hasta suavizar. Escurra y coloque en la licuadora. Agregue la cebolla, chiles, ajo, epazote y 1½ taza (375 ml/12 fl oz) del caldo de pato y licúe hasta que esté suave, agregando más caldo si fuera necesario. Pase a través de un colador de malla mediana colocado sobre un tazón.

Vuelva a colocar la sartén para freír reservada con el aceite a fuego bajo y recaliente el aceite. Integre la salsa y mueva frecuentemente por 5 minutos. Poco a poco agregue 4½ tazas (1 l/36 fl oz) de caldo y continúe cocinando cerca de 10 minutos, sobre calor muy bajo, hasta que la salsa esté espesa y cubra el dorso de una cuchara de madera. Sazone al gusto con sal de mar. Agregue las piezas de pollo y caliente totalmente en la salsa. Pase el pato a platos individuales. Vierta la salsa sobre el pollo, adorne con las semillas de calabaza (pepitas) reservadas y sirva acompañando con el arroz.

RINDE DE 6 A 8 PORCIONES

PIPIÁN

Una salsa espesa similar al mole, el *pipián* siempre incluye semillas, tradicionalmente de calabaza y a menudo semillas de ajonjolí. Para preparar las semillas para el *pipián* de esta receta, tueste las semillas de ajonjolí aproximadamente 2 minutos en una sartén grande y seca para freír, sobre calor medio, hasta que empiecen a dorarse. Deje enfriar y pase a una licuadora. En la misma sartén sobre calor medio, caliente el aceite. Agregue las semillas de calabaza (pepitas) y tueste 1 ó 2 minutos, moviendo constantemente, hasta que se hinchen; no deje que se doren. Usando una cuchara ranurada, retire las semillas reservando 2 cucharadas para adornar y agregue el resto a la licuadora. Reserve la sartén con el aceite.

2 patos, de 2.5 a 3 kg (5–6 lb) cada uno, con piel intacta, cortados en 4 piezas (2 piernas con muslo y 2 mitades de pechuga) reservando las menudencias, pescuezo y rabadilla para hacer el caldo

½ cebolla blanca, rebanada toscamente

2 dientes de ajo

8 granos de pimienta

2 hojas de laurel

Sal de mar y pimienta recién molida

1 cucharada de aceite de canola o vegetal

PARA EL PIPIÁN:

½ taza (45 g/1½ oz) de semillas de girasol

2 cucharadas de aceite de canola o vegetal

1 taza (155 g/5 oz) de semillas de calabaza verde, crudas (pepitas) y sin cáscara, más 2 cucharadas

12 tomatillos o tomates verdes, sin el papelillo que los recubre, con piel y enjuagados (página 17)

½ cebolla blanca, picada toscamente

12 chiles serranos, picados toscamente

8 dientes de ajo, picados toscamente

8 ramas de epazote fresco

Sal de mar

Arroz Blanco (página 110) para acompañar

PUERCO, RES
Y CORDERO

El autosuficiente y prolífero cerdo es la fuente principal de carne en México y cada región tiene su especialidad local, siendo las carnitas la principal en el estado de Michoacán. Una chuleta de res es el ingrediente característico en el platillo original de México "plato mixto" así como la carne fría desmenuzada del salpicón en Yucatán. El cordero es también una carne favorita. A continuación encontrará una receta para el cordero cocido a fuego lento en una deliciosa salsa de chile picante.

CARNITAS

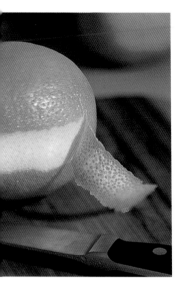

RETIRANDO LA PIEL DE LOS CÍTRICOS

La mayoría de las frutas cítricas, con excepción de algunas que se cultivan orgánicamente, están cubiertas con una capa delgada de cera que debe retirarse tallándose antes de retirar la cáscara, que es la porción de color de la piel.
Aunque hay utensilios especializados, llamados cortadores de piel (zesters), que se pueden usar para retirar tiras delgadas de la piel exterior, un cuchillo mondador filoso o un pelador de verduras también funciona bien. Asegúrese de retirar lo menos posible de la piel amarga que hay debajo de la cáscara. Para aquellas recetas que pidan ralladura de cítricos, use un rallador microplane o las raspas más finas de un rallador manual. Cuando compre naranjas, no se preocupe si están verdes, se madurarán.

Corte los trozos grandes de grasa del puerco y colóquelos en una sartén amplia y gruesa para freír. Corte el puerco en tiras de aproximadamente 4 cm (1½ in) de largo y 2 cm (¾ in) de ancho. Agregue el puerco a la sartén con el ajo, orégano, piel de la naranja, jugo de naranja y 2 cucharaditas de sal de mar. La carne deberá estar en una sola capa, si fuera posible. Agregue agua para cubrir ligeramente la carne y hierva sobre fuego medio. Reduzca la temperatura a media baja, tape parcialmente y cocine aproximadamente 1 hora, moviendo de vez en cuando, hasta que todo el líquido se haya evaporado. Si la carne no se siente suave al picarla con un tenedor, agregue un poco más de agua y continúe cocinando.

Destape la sartén y continúe cocinando el puerco de 10 a 15 minutos más, hasta que le haya salido toda la grasa y se dore en la grasa derretida. Por lo general habrá bastante grasa derretida en la sartén, pero si fuera necesario, agregue 1 cucharada de aceite. Cuando la carne esté dorada y crujiente, pase a un colador, usando una cuchara ranurada y deje que escurra el exceso de grasa.

Pase inmediatamente a un platón de servir precalentado. Acompañe con las tortillas calientes para hacer tacos: extienda cada tortilla y cubra con la carne, guacamole y salsa y enróllela. Sirva con los frijoles refritos y/o acompañe con arroz.

RINDE 6 PORCIONES

1.5 kg (3 lb) de espalda de puerco o costillitas de puerco tipo rústico

6 dientes de ajo, partidos a la mitad

piel de 1 naranja, cortada en tiras *(vea explicación a la izquierda)*

¾ taza (180 ml/6 fl oz) de jugo de naranja fresco

Sal de mar

1 cucharada de aceite de canola o cártamo, si se necesita

12 tortillas de maíz o harina compradas, de 15 a 20 cm (6-8 in) de diámetro, calientes (página 115)

Guacamole (página 10) para acompañar

Salsa mexicana (página 32) para acompañar

Frijoles Refritos (página 111) y/o Arroz Rojo (página 10) para acompañar

CHULETAS DE CERDO MARINADAS EN SALSA DE ADOBO

PARA LA SALSA DE ADOBO:

2 cucharadas de aceite de canola o cártamo

4 chiles ancho grandes, sin semilla (página 108) y en trozos grandes

4 dientes de ajo, finamente picados

Sal de mar y pimienta recién molida

1 cucharadita de azúcar

1 cucharadita de orégano seco, de preferencia mexicano

¼ cucharadita de comino molido, de preferencia recién molido

⅛ cucharadita de tomillo seco

½ taza (125 ml/4 fl oz) de vinagre de sidra

6 chuletas de puerco, de 2 ó 2.5 cm (¾–1 in) de grueso

1 cucharada de aceite de canola o cártamo

½ taza (60 g/2 oz) de cebolla blanca finamente rebanada

8 rábanos, limpios y finamente rebanados

Para hacer la salsa de adobo, caliente aceite en una sartén para freír sobre calor medio. Cuando esté bastante caliente, agregue varias piezas del chile y presiónelas varios segundos, hasta que se empiecen a ampollar. Pase las piezas a un tazón y repita la operación con los trozos de chile restantes. Agregue agua caliente hasta cubrir, colocando un plato sobre ellos y remoje durante 15 minutos. Usando una cuchara ranurada, pase los chiles a una licuadora; reserve el agua de los chiles. Agregue el ajo, 1 cucharada de sal de mar, ½ cucharadita de pimienta, el azúcar, orégano, comino, tomillo, vinagre y ½ taza (125 ml/4 fl oz) del agua de chile a la licuadora y muela hasta que esté muy suave.

Unte ambos lados de cada chuleta de puerco con la salsa de adobo, tape y refrigere por lo menos 1 hora o de preferencia durante toda la noche.

En una sartén grande para freír sobre calor medio-alto, caliente el aceite. Agregue las chuletas y selle durante 1 minuto de cada lado. Inmediatamente reduzca la temperatura a media o a media-baja; las chuletas continuarán cociéndose en el aceite. Tape y cocine, volteando una sola vez, hasta que las chuletas estén firmes al tacto o que un termómetro de lectura instantánea, insertado en la parte más gruesa de una chuleta registre los 63ºC (145ºF), unos 3 a 4 minutos de cada lado. Retire del calor, tape ligeramente con papel aluminio y deje reposar durante 5 minutos. En este punto el termómetro deberá registrar 65ºC (150ºF). No cocine demasiado pues si lo hace la carne se secará.

Pase las chuletas a platos individuales precalentados y cubra con la cebolla y los rábanos. Sirva de inmediato.

Preparación por Adelantado: La salsa de adobo se puede hacer con anterioridad y guardarse en el refrigerador; no caduca.

Para Servir: Sirva con papas cambray hervidas hasta suavizar, barnizadas con un poco de salsa de adobo y ligeramente fritas en una pequeña cantidad de aceite.

RINDE 6 PORCIONES

SALSA DE ADOBO

En México, el adobo es un sazonador hecho de chiles secos, hierbas, sal y especias molidas con vinagre hasta obtener la consistencia de una salsa espesa. Se parece a la mezcla española del mismo nombre que lleva vinagre, aceite de oliva y especias. Debido a que el vinagre y la sal son preservativos naturales, el uso del adobo ha sido una técnica tradicional para hacer encurtidos y, por lo tanto, preservar carnes tanto en España como en México desde antes de que se usara la refrigeración.

CARNE ASADA

CEBOLLITAS DE
CAMBRAY ASADAS
Las cebollitas de cambray
pequeñas y gordas, con bulbos
de aproximadamente 2.5 cm
(1 in) de diámetro, por lo
general se pueden encontrar
en los mercados a principios
del verano. Pueden sustituirse
por cebollitas verdes y
gruesas o por chalotes. Para
prepararlas, corte y deseche el
extremo de las raíces de
2.5 a 5 cm (1-2 in). Calcule 4
cebollas por porción. Barnice
las cebollas ligeramente con
aceite de canola. Coloque una
capa doble de papel aluminio
grueso directamente en el
asador sobre fuego alto.
Extienda las cebollitas sobre el
papel, colocando las partes
blancas expuestas sobre los
carbones. Ase, volteando
frecuentemente, por unos 10
minutos, hasta dorar por todos
lados. Bañe con jugo de limón
fresco antes de servir.

Coloque un *comal,* parrilla o sartén de hierro colado para freír sobre calor medio. Cuando esté bien caliente, coloque los dientes de ajo sobre la superficie, caliente y tueste aproximadamente 8 minutos, hasta que estén dorados y suaves. Retire del calor, deje enfriar al tacto y retire la piel.

En un tazón pequeño, usando un tenedor, machaque el ajo con los chiles y haga una salsa. Integre el jugo de limón, orégano y 1 cucharadita de sal de mar.

Cubra los filetes por ambos lados con la mezcla de chile. Deje reposar a temperatura ambiente de 30 a 45 minutos, volteando por lo menos una vez.

Prepare el fuego, usando de preferencia carbón de mezquite, en una parrilla para intemperie deje que los carbones se quemen hasta que estén cubiertos por una ceniza blanca. Deje los carbones apilados en el centro del asador; no los extienda. Barnice la parrilla del asador con aceite.

Coloque los filetes en la parrilla directamente sobre los carbones y ase, volteando por lo menos una vez, hasta que estén dorados y crujientes por ambos lados y término rojo o medio rojo en su interior, de 5 a 7 minutos en total. Páselos a un platón precalentado, cubra ligeramente con papel aluminio y deje reposar brevemente antes de servir. Sirva los filetes sobre platos individuales grandes y acompañe con las cebollitas asadas y bastante salsa mexicana y guacamole. Acompañe con tazones de frijoles de olla.

Para Servir: Arroz Rojo (página 110) y tortillas de harina serían parte integral de una parrillada de este tipo en la región ganadera de los estados fronterizos del norte de México, acompañados con frijoles, guacamole y salsa. A menudo también se ofrecen pequeños tamales. En Guadalajara, una ciudad del oeste del centro de México, quizás también se acompañe con quesadillas y ensalada de nopales (página 55).

RINDE 6 PORCIONES

8 dientes de ajo, con piel

3 *chiles chipotles en adobo* de lata con 1 cucharadita de sal

¼ taza (60 ml/2 fl oz) de jugo de limón sin semilla fresco, colado (aproximadamente 2 limones)

2 cucharadas de orégano seco, de preferencia mexicano

Sal de mar

1 kg (2 lb) de rib-eye limpio u otro tipo de filete, aproximadamente de 2 cm (¾ in) de grueso

Aceite de canola o cártamo para barnizar la parrilla

Cebollitas de cambray asadas *(vea explicación a la izquierda),* para acompañar

Salsa mexicana (página 32), para acompañar

Guacamole (página 10), para acompañar

Frijoles de Olla (página 111) hechos con frijoles pintos, para acompañar

SALPICÓN DE RES

1 kg (2 lb) de falda de res, cortada en 2 piezas iguales

1 cebolla blanca, en rebanadas gruesas, más ½ taza (75 g/2½ oz) de cebolla blanca finamente picada

3 dientes de ajo

6 granos de pimienta

2 hojas de laurel

1 cucharada de orégano seco, de preferencia mexicano

Sal de mar y pimienta, recién molida

½ taza (125 ml/4 fl oz) de aceite de oliva

¼ taza (60 ml/2 fl oz) de jugo de limón sin semilla fresco

4 chiles jalapeños o serranos en escabeche, finamente picados, con 2 cucharadas del escabeche

½ taza (60 g/2 oz) de queso Chihuahua o Monterrey Jack en cubos (cubos de 12 mm/½ in)

½ taza (15 g/½ oz) de hojas de cilantro fresco, picadas

Hojas interiores de 1 lechuga romana, más 1 taza (60 g/2 oz) de lechuga romana picada

1 aguacate firme pero maduro, sin hueso, sin piel y rebanado

Coloque la falda, cebolla rebanada grueso, ajo, granos de pimienta y hojas de laurel en una olla o cazo grande y agregue agua hasta cubrir. Hierva sobre temperatura alta, reduzca la temperatura para que sólo aparezcan algunas burbujas sobre la superficie ocasionalmente. Retire la espuma que se forme sobre la superficie y agregue el orégano y 2 cucharaditas de sal de mar. Hierva a fuego lento de 30 a 45 minutos, hasta que pueda deshebrar fácilmente un trozo de falda.

Mientras la res se cocina, caliente el aceite de oliva en una sartén para freír sobre calor medio. Agregue la cebolla finamente rebanada y saltee cerca de 4 minutos, hasta que esté transparente. Integre el jugo de limón, los chiles y su líquido y hierva a fuego lento aproximadamente 2 minutos, para que se mezclen los sabores. Retire del fuego y reserve.

Cuando la carne esté suave, retire del fuego. Deje enfriar dentro del caldo, y cuando esté fría retire. Mida ½ taza (125 ml/4 fl oz) de caldo y reserve. Reserve el caldo restante para otro uso.

Retire todo el exceso de grasa de la carne y deshebre finamente. Coloque en un tazón con la ½ taza de caldo y deje reposar aproximadamente 5 minutos, hasta que la carne absorba todo el líquido. Agregue la mezcla de cebolla, queso y cilantro. Sazone al gusto con sal de mar y pimienta y mezcle con sus manos o con un tenedor hasta incorporar por completo. Deje reposar de 15 a 20 minutos para que se mezclen los sabores.

Sobre un platón haga una cama con las hojas de lechuga romana enteras. Coloque la mezcla de carne sobre la lechuga y adorne con las rebanadas de aguacate, la lechuga picada y la cebolla finamente picada. Sirva a temperatura ambiente.

Para Servir: Este es un platillo ideal para servirse como buffet. Sirva con tortillas calientes (página 115) y guacamole (página 10).

RINDE 6 PORCIONES

SALPICÓN

La palabra *salpicón* quiere decir mezcla o mezcolanza, pero este platillo de carne deshebrada no es una mezcla hecha al azar. Siempre está bien sazonada con chiles y decorada con cebollas y aguacates; algunas veces también con queso. Esta mezcla llena de sabor se hizo originalmente con carne de un venado pequeño de la península de Yucatán, pero los españoles, a quienes les gustan los platillos con carne fría, lo sirvieron como ensalada de carne de res servida como plato principal. Actualmente, el *salpicón* se hace algunas veces con otras carnes, desde el pollo hasta el cangrejo.

ALBÓNDIGAS EN SALSA DE CHIPOTLE

Para hacer la salsa, combine en una licuadora los jitomates, chiles con su salsa, ajo, comino, orégano y ½ cucharadita de sal de mar. Agregue el caldo de res y mezcle hasta que esté suave. Pruebe y rectifique la sazón agregando más sal de mar, si fuera necesario, y mezcle una vez más.

En un horno holandés o en una *cazuela* sobre fuego medio-alto, caliente 1 cucharada de aceite hasta que esté ligeramente brillante pero no humee. Integre la salsa y cocine, moviendo ocasionalmente, hasta que la salsa comience a espesar, aproximadamente 3 minutos. Reduzca el calor a medio-bajo y cocine, sin tapar, aproximadamente por 5 minutos, hasta que la salsa se reduzca y se torne rojo oscuro. Sólo deberá tener unas cuantas burbujas en la superficie.

Mientras se cocina la salsa, haga las albóndigas. En un tazón, coloque la carne de res, la carne de puerco, comino, ajo, 1 cucharadita de sal de mar y ¼ cucharadita de pimienta. Mezcle con un tenedor o con sus manos. Integre las migas de pan, huevos y leche, mezclando totalmente. En una pequeña sartén para freír sobre fuego medio-alto, caliente un poco de aceite y fría una porción de la mezcla de carne. Pruebe y rectifique la sazón de la mezcla, si fuera necesario.

Forme bolas de 4 cm (1½ in) con la mezcla de carne y déjelas caer en la salsa a medida que las vaya haciendo. Tape, reduzca la temperatura a baja y hierva aproximadamente 20 minutos a fuego lento, moviendo de vez en cuando, para asegurarse que todas las albóndigas se cocinen uniformemente (la salsa las cubrirá ligeramente), hasta que las albóndigas estén totalmente cocidas. Si las albóndigas empiezan a pegarse, agregue un poco de agua caliente. Sirva directamente de la olla o pase a un tazón precalentado y sirva de inmediato.

Nota: Para hacer migas de pan fresco, use el pan que le haya quedado de los días anteriores. Retire sus costras, desmenuce en trozos del tamaño de un bocado y muela en una licuadora o procesador de alimentos hasta moler toscamente.

Para Servir: Acompañe con papas cambray hervidas o cocidas al vapor o con Arroz Blanco (página 110).

RINDE 6 PORCIONES

CHILES CHIPOTLES

El atrevido chile chipotle es muy especial, ya que es uno de los pocos chiles que se ahuma después de que está seco, dándole un sabor y aroma poco común. Este chile jalapeño, maduro y seco, típicamente es de color café oscuro aterciopelado, aunque hay algunas variedades de color rojo oscuro. Se usa para sazonar salsas, sopas y guisados. Fuera de México, los chiles chipotles se encuentran fácilmente en latas de *chiles chipotles en adobo* con una salsa de jitomate y vinagre. Los chiles y su salsa por lo general se mezclan con otros ingredientes, como los jitomates, antes de agregarlos a los diferentes platillos sazonados para proporcionar un sabor ahumado y picante.

PARA LA SALSA:

4 jitomates maduros, asados (página 108), o 1 lata (455 g/14½ oz) de jitomates en trozos, con su jugo

2 *chiles chipotles en adobo* de lata con 1 cucharadita de la salsa

2 dientes de ajo

¼ cucharadita de comino molido

½ cucharadita de orégano seco, de preferencia mexicano

Sal de mar

1 taza (250 ml/8 fl oz) de caldo de res (página 110) o caldo preparado bajo en sodio

Aceite de canola o cártamo

PARA LAS ALBÓNDIGAS:

375 g (¾ lb) de carne de res, molida

375 g (¾ lb) de carne de puerco magra, molida

½ cucharadita de comino molido

1 diente de ajo, finamente picado

Sal de mar y pimienta recién molida

1 taza (60 g/2 oz) de migas de pan fresco (vea Nota)

2 huevos

1 cucharada de leche o descremada, si se necesita

TATEMADO DE PUERCO

1.5 kg (3 lb) de espaldilla de puerco, sin hueso

2 tazas (500 ml/16 fl oz) de vinagre de sidra

6 dientes de ajo, picados toscamente

Sal de mar y pimienta recién molida

4 chiles ancho y 8 chiles guajillo, sin semillas (página 108)

1 cucharadita de aceite de canola

1 jitomate mediano maduro, cortado en ocho porciones

2 tomatillos o tomates verdes grandes, sin el papelillo que los recubre, con piel y enjuagados (página 17), en cuarterones

5 cm (2 in) de gengibre fresco, sin piel y picado

12 mm (½ in) de raja de canela auténtica o ¾ cucharadita de canela molida

¼ cucharadita de semillas de cilantro

1 pizca grande de tomillo seco

4 cabezas de ajo

500 g (1 lb) de pescuezo de puerco sin hueso, ordenado por adelantado en la carnicería

3 hojas de laurel

Cebollas Moradas Marinadas (página 115), col finamente rallada, rábanos finamente rebanados y tortillas de maíz calientes (página 115) o Arroz Blanco (página 110) para acompañar

Usando un cuchillo filoso, pique hoyos en todos los lados de la espaldilla de puerco y coloque en un tazón profundo. Vierta el vinagre en una licuadora, agregue el ajo y muela hasta suavizar. Agregue 2 cucharaditas de sal de mar y ½ cucharadita de pimienta; muela y vierta sobre la carne. Voltee la carne para saturarla, tape y deje marinar a temperatura ambiente durante 2 horas.

Coloque los chiles en un tazón, agregue agua caliente hasta cubrir, presione con un plato y deje remojar durante 30 minutos. Mientras tanto, en una sartén para freír sobre calor medio, caliente el aceite. Agregue el jitomate y los tomatillos o tomates verdes y cocine aproximadamente 10 minutos, hasta suavizar y dorar. Retire del fuego y deje enfriar.

Precaliente el horno a 150ºC (300ºF). Retire la carne de la marinada y resérvela. Saque ½ taza (125 ml/4 fl oz) de la marinada y colóquela en una licuadora; reserve el resto. Agregue una tercera parte de los chiles a la licuadora y muela hasta suavizar. Presione la mezcla a través de un colador de malla mediana sobre un horno holandés u olla, desechando los sólidos. Repita dos veces más hasta que todos los chiles estén hechos puré y colados, agregando la marinada conforme sea necesario para obtener una mezcla suave. Sazone con sal de mar. Coloque el jengibre, canela, semillas de cilantro, tomillo y ajos con el jitomate cocido y los tomatillos o tomates verdes en la licuadora. Agregue 1 taza (250 ml/8 fl oz) de agua y mezcle hasta suavizar. Sazone con sal de mar e integre con la mezcla de chile.

Coloque la carne en el horno holandés u olla y voltee para cubrir totalmente con la mezcla de chile. Agregue los huesos del pescuezo y las hojas de laurel, tape y coloque en el horno. Ase, volteando ocasionalmente la carne y revisando para asegurarse que haya suficiente salsa en la olla aproximadamente por 2 horas (agregue agua si fuera necesario), hasta que la carne esté suave pero no se desbarate. Retire del horno. Pase la carne a una tabla de picar, corte en rebanadas gruesas y acomode en un platón grande. Bañe con la salsa y adorne con las cebollas, col y rábanos. Sirva de inmediato acompañando con tortillas calientes o arroz blanco.

RINDE 6 PORCIONES

CANELA

A principios del siglo XVI los españoles introdujeron en México una gran variedad de especias del lejano oriente, incluyendo la canela, que pronto fueron usadas por los cocineros locales en docenas de platillos, incluyendo el *tatemado*. El nombre de este antiguo platillo festivo significa "algo que se pone en el fuego." (Originalmente se cocía en una olla enterrada, pero ahora a menudo se cocina sobre el fuego en una olla cubierta por carbones.) La canela que se usa en el *tatemado* es la canela en raja auténtica, deliciosamente sazonada originaria de Sri Lanka, no la raja de cassia que tiene un sabor más fuerte y que se cultiva en Indonesia, China y Myanmar, que debe usarse en cantidades más pequeñas.

CORDERO EN SALSA DE CHILE

Para hacer la salsa, mezcle en una licuadora la cebolla picada, chiles con su salsa, aceite de oliva, salsa de jitomate, orégano, 2 cucharaditas de sal de mar y 1 cucharadita de pimienta, hasta suavizar.

Precaliente el horno a 120ºC (250ºF). En un horno holandés u olla sobre fuego medio-bajo, caliente el aceite de oliva. Integre las cebollas rebanadas y espolvoree con sal de mar y pimienta. Tape y cocine cerca de 5 minutos, moviendo de vez en cuando, hasta que esté suave y color amarillo claro. Agregue 1 taza (250 ml/8 fl oz) de agua y el tequila a la cebolla y cubra con el cordero. Bañe el cordero uniformemente con cucharadas de la salsa de jitomate, tape y coloque en el horno.

Hornee el cordero de 4 a 5 horas, voltéelo aproximadamente cada hora, hasta que esté muy suave. El líquido no deberá burbujear; si burbujeara, reduzca la temperatura del horno ligeramente. Si el líquido se reduce demasiado, vierta ½ taza (125 ml/4 fl oz) de agua sobre el cordero.

Pase el cordero a una tabla para picar y retire el cordón. Corte en trozos gruesos y coloque en un platón precalentado. Retire el exceso de grasa de la salsa y deseche. Vierta la salsa con las cebollas sobre el cordero y adorne con el cilantro, si lo usa. Sirva de inmediato con tortillas calientes.

Para Servir: La ensalada de berro con naranja, jícama y aguacate (página 52) ofrece un delicioso contraste a este platillo. También se puede acompañar con Arroz Rojo (página 110).

RINDE DE 6 A 8 PORCIONES

TEQUILA

El tequila se destila del jugo del agave azul, una planta que tiene una base parecida a una piña y sus ramas en forma de largas espadas puntiagudas. Aunque el tequila es conocido en todo el mundo como la base para las margaritas, los mexicanos por lo general lo consumen solo, quizás con un poco de sal y jugo de limón. Siempre busque los tequilas hechos de 100 por ciento agave azul, sin aditivos. Los tipos más populares son el *blanco* (sin añejar), el *reposado* (añejado de 2 a 12 meses), y el *añejo* (añejado en barricas de roble durante más de un año). Éste tiene un sabor suave, parecido más bien a un brandy de buena calidad y complementa a la perfección la salsa de chipotle de esta receta.

PARA LA SALSA:

1 cebolla blanca, picada toscamente

6 *chiles chipotles en adobo* con 2 cucharaditas de salsa

½ taza (125 ml/4 fl oz) de aceite de oliva

2 tazas (500 ml/16 fl oz) de salsa de jitomate

1 cucharadita de orégano seco, de preferencia mexicano

Sal de mar y pimienta recién molida

2 cucharaditas de aceite de oliva

2 cebollas blancas grandes, rebanadas

Sal de mar y pimienta recién molida

½ taza (125 ml/4 fl oz) de tequila *añejo*

3 kg (6 lb) de espaldilla de cordero, sin grasa, enrollada y amarrada

3 cucharadas de cilantro fresco picado (opcional)

Tortillas de maíz, calientes (página 115) para acompañar

POSTRES

Con todas sus variedades de fruta como el mango, papaya y guayaba, no es de sorprenderse que muchas de las comidas mexicanas terminen con rebanadas de frutas tropicales o nieves de fruta. Los postres tradicionales de los españoles, como el flan y el pudín de pan, también son platillos favoritos. En los últimos años, se han creado diferentes pasteles de chocolate, como el que presentamos en este capítulo que se complementa con el delicioso sabor afrutado del chile ancho, una combinación usada en las cortes de los aztecas como bebida.

FLAN DE CAFÉ Y KAHLÚA

En una sartén pequeña y gruesa sobre calor medio-alto, combine el azúcar, ¼ taza (60 ml/2 fl oz) de agua y la miel de maíz y hierva, moviendo ligeramente, hasta que la miel esté clara. Reduzca la temperatura a media y hierva a fuego lento de 10 a 15 minutos, sin mover, hasta que la miel se empiece a dorar. Gire la sartén hasta que la miel esté de color ámbar oscuro, aproximadamente 1 minuto. Inmediatamente vierta el caramelo en un molde para pastel redondo de 23 por 5 cm (9 x 12 in) u 8 ó 10 moldes individuales y ladee para distribuir uniformemente sobre el fondo y un poco sobre los lados. Reserve.

Precaliente el horno a 165ºC (325ºF). En una sartén grande sobre calor medio-bajo, combine la leche condensada, la media crema, la leche y la canela; hierva a fuego lento. Retire del fuego y deje reposar durante 10 minutos. Retire la canela e integre el licor de Kahlúa y el café diluido. En un tazón, bata ligeramente los huevos hasta mezclar. Integre gradualmente la mezcla de leche caliente y la vainilla. Cuele la mezcla a través de un colador de malla fina sobre los moldes preparados. Ponga los moldes en una charola para asar y coloque sobre la rejilla central del horno. Vierta agua hirviendo sobre la charola hasta obtener una profundidad de 2.5 cm (1 in). Hornee, sin tapar, hasta que se cuaje y que al insertar un cuchillo cerca del centro salga limpio, de 1 a 1½ hora para el flan grande y de 40 a 60 minutos para los moldes individuales. Retire del horno la charola para asar, retire el flan o los flanes y pase a una rejilla de alambre. Deje enfriar, cubra con plástico adherente y refrigere por lo menos durante 6 horas o hasta por 2 días.

Para desmoldar, pase un cuchillo delgado alrededor de la orilla interior del molde. Coloque un platón invertido sobre la orilla del molde y voltee el platón y el flan al mismo tiempo. Levante el molde cuidadosamente, raspando el caramelo restante para colocar sobre el flan y alrededor del platón. Si hizo un flan grande, corte en rebanadas delgadas para servir.

RINDE DE 8 A 10 PORCIONES

AZÚCAR CARAMELIZADA

Siempre tenga mucho cuidado al caramelizar azúcar, ya que la miel caliente es peligrosa. Use una sartén gruesa de color clara, de preferencia de cobre, para poder ver el color de la miel. Si agrega un poco de miel de maíz ayudará a evitar que el azúcar se vuelva a cristalizar en los bordes de la sartén. Una vez que estén todos los ingredientes en la sartén, el azúcar se haya disuelto y el líquido haya empezado a tornarse ámbar, no lo mezcle. No descuide la estufa una vez que la miel empiece a tomar color. La caramelización es rápida y la miel puede quemarse con facilidad.

⅔ taza (155 g/5 oz) de azúcar

1 cucharada de miel de maíz

1 lata (430 ml/14 fl oz) de leche condensada azucarada

¾ taza (180 ml/6 fl oz) de media crema

1 taza (250 ml/8 fl oz) de leche

5 cm (2 in) de raja de canela auténtica (página 85) o 2.5 cm (1 in) de raja de canela cassia

1 cucharada de licor de Kahlúa u otro licor de café

2 cucharaditas de café instantáneo en polvo disuelto en 1 cucharadita de agua hirviendo

5 huevos

¾ cucharadita de extracto de vainilla (esencia)

PUDÍN DE PAN AL BRANDY

6 tazas de cubos de pan baguette del día anterior (en cubos de 2 cm/¾ in)

¼ taza (60 ml/2 fl oz) de aceite de canola o cacahuate

250 g (½ lb) de *piloncillo (vea explicación a la derecha)* o 1 taza compacta (220 g/7 oz) de azúcar morena o azúcar cruda

½ taza (125 ml/4 fl oz) de jugo de manzana

½ taza (125 ml/4 fl oz) de brandy o jugo de manzana

4 cucharadas (60 g/2 oz) de mantequilla sin sal

10 cm (4 in) de raja de canela auténtica (página 85) o 5 cm (2 in) de raja de canela cassia, más 1 cucharadita de canela molida

3 huevos

5 cucharadas (75 ml/2½ fl oz) de leche

¼ cucharadita de pimienta de Jamaica molida

1 taza (125 g/4 oz) de *queso Chihuahua rallado* (vea Notas, página 44) o queso Cheddar extra fuerte

2 manzanas sin piel, sin corazón y picadas

½ taza (90 g/3 oz) de uvas pasas

½ taza (60 g/2 oz) de piñones o nueces picadas, ligeramente tostadas (página 115)

Precaliente el horno a 180ºC (350ºF). Engrase con mantequilla un plato para hornear de 23 por 33 cm (9 x 11 in). Coloque los cubos de pan en un tazón, agregue el aceite y mezcle para cubrir uniformemente. Extienda los cubos de pan sobre una charola de hornear, coloque en el horno y tueste, moviendo ocasionalmente para dorar por todos lados, hasta que se doren, de 5 a 10 minutos. Retire del horno y deje enfriar.

En una olla sobre calor medio, combine el *piloncillo,* 2 tazas (500 ml/16 fl oz) de agua, el jugo de manzana y el brandy. Hierva a fuego lento, moviendo hasta que se disuelva el azúcar. Agregue 1 cucharada de la mantequilla y la raja de canela. Mezcle hasta que se derrita la mantequilla y hierva a fuego lento aproximadamente 5 minutos, hasta que la miel espese. Retire del fuego y retire y deseche la raja de canela. Deberá tener por lo menos 3 tazas (750 ml/24 fl oz) de miel.

Extienda la mitad de los cubos de pan sobre el fondo del plato preparado. En un tazón pequeño, bata los huevos hasta integrar, incorpore la leche, la canela molida y la pimienta de Jamaica. Agregue la mitad de la mezcla de huevo uniformemente sobre el pan. Espolvoree uniformemente con la mitad del queso, manzanas, uvas pasas y nueces. Vierta lentamente cerca de 1½ taza (375 ml/12 fl oz) de la miel uniformemente sobre la superficie. Corte las 3 cucharadas restantes de mantequilla en trozos pequeños y, usando la mitad de los trozos, coloque sobre la superficie. Cubra con el pan restante, bañe con la mezcla de huevo restante y espolvoree con el queso, manzanas, uvas pasas y nueces restantes. Poco a poco vierta la miel restante uniformemente sobre la superficie para que el pan la absorba. Coloque los trozo restantes de mantequilla.

Hornee, sin tapar, hasta que la superficie esté ligeramente dorada, cerca de 25 minutos. Retire del horno y deje enfriar ligeramente antes de servir.

Nota: El pudín de pan, o capirotada, es un platillo tradicionalmente servido en la cuaresma en México y por lo general se sirve después de una comida de pescado o verduras fritas. También es un bocadillo sencillo pero sustancioso cuando se sirve con leche fría.

RINDE DE 10 A 12 PORCIONES

PILONCILLO

El *piloncillo* es azúcar sin refinar y es un endulzante común en México. Se forma al verter caña de azúcar hirviendo en moldes con forma de cono, barra o disco, en donde se endurece y se convierte en azúcar cristalizada de color café oscuro. Los conos, que pesan de 30 a 220 g (1 a 7 ounces) son la forma más común que se puede encontrar fuera de México. Pueden estar demasiado duros y pueden tener que ser picados en piezas, aunque se disolverán fácilmente en líquido. Se puede sustituir por azúcar morena, pero no tiene el mismo sabor profundo. Busque el *piloncillo* en la sección de alimentos étnicos de su mercado o en alguna tienda de abarrotes especializada en alimentos mexicanos.

NIEVE DE MANGO

En una olla sobre fuego alto, hierva el azúcar con 1 taza (250 ml/8 oz) de agua, moviendo con una cuchara de madera hasta que el azúcar se disuelva y se forme una miel ligera. Retire del fuego y deje enfriar. Tape y refrigere hasta el momento de usarla.

En una licuadora o procesador de alimentos, haga puré la pulpa del mango hasta que esté suave. Deberá tener aproximadamente 3 tazas (750 g/1½ lb). Pase a un tazón y agregue la miel de azúcar, ralladura y el Cointreau, si lo usa. Mezcle. Tape y refrigere hasta que esté frío, por lo menos 3 horas o hasta por 24 horas.

Pase la mezcla fría a una máquina para hacer helado y congele de acuerdo a las instrucciones del fabricante. Tape y congele, hasta que esté firme, por lo menos 2 horas o hasta por todo un día, antes de servir. Para servir, sirva el helado con una cuchara grande o con una cuchara para servir helado en tazones para postre y adorne con menta. Sirva de inmediato.

RINDE 1 L (1 QT)

1 taza (250 g/8 oz) de azúcar

4 mangos maduros grandes, sin hueso y en cubos *(vea explicación a la izquierda)* o 1 frasco (750 g/1½ lb) de mangos en almíbar, drenados

Ralladura de 1 naranja

1 cucharadita de Cointreau u otro licor con sabor a naranja (opcional)

Ramas de menta para adornar

PREPARANDO MANGOS

Para preparar un mango para usarlo en esta receta, tome el mango y apóyelo sobre uno de sus extremos. Con un cuchillo grande y filoso, corte uno de los lados planos, cortando alrededor y contra el hueso. Deberá obtener una pieza grande. Repita la operación del otro lado del mango. Coloque cada pieza con la pulpa hacia arriba y corte cuidadosamente haciendo cuadros hasta llegar a la cáscara pero sin atravesarla. Presione el centro de la piel para invertir, presionando los cubos de pulpa marcados. Usando un cuchillo, corte los cubos para separarlos de la piel. Raspe la piel para retirar la pulpa que haya quedado.

MOUSSE DE MANDARINA

1 lata (345 g/11 oz) de mandarinas, drenada

2 huevos, separados

6 cucharadas (90 g/3 oz) de azúcar

2¼ cucharaditas (1 sobre) de grenetina sin sabor, en polvo

1 taza (250 ml/8 fl oz) de crema espesa (doble), muy fría

2 cucharadas de Cointreau u otro licor con sabor de naranja o jugo de mandarina

Ralladura de 2 mandarinas, tangerinas o naranjas (página 74)

⅓ taza (45 g/1½ oz) de almendras rebanadas (hojuelas), tostadas (página 115)

Pique finamente los gajos de mandarina y colóquelos sobre toallas de papel para escurrir el exceso de humedad. Reserve.

En un tazón de acero inoxidable o un refractario, mezcle las claras de huevo con 4 cucharadas (60 g/2 oz) del azúcar. Coloque sobre (pero sin tocar) agua hirviendo a fuego lento en una olla hasta que el azúcar se disuelva, aproximadamente durante 1 minuto. Retire del fuego y, usando una batidora eléctrica a velocidad media-alta, bata hasta que se formen picos suaves y la mezcla esté fría. Reserve. Enjuague las aspas de la batidora.

En un tazón pequeño de acero inoxidable, bata las yemas de huevo con un tenedor hasta mezclar. Reserve. En una olla pequeña sobre calor medio, bata las 2 cucharadas restantes de azúcar con ¼ taza (60 ml/2 fl oz) de agua y hierva. Retire del fuego, espolvoree con la grenetina y bata hasta disolver. (Al principio tendrá grumos; continúe batiendo hasta que esté suave). Vierta la mezcla de grenetina caliente sobre las yemas de huevo y, usando la batidora eléctrica a velocidad media, bata hasta que la mezcla esté fría. Reserve. Enjuague las aspas de la batidora.

En un tazón grande, usando la batidora eléctrica a velocidad media-alta, bata la crema hasta que se formen picos suaves. Agregue el Cointreau y bata un momento hasta incorporar. Integre la mezcla de claras y la mezcla de yemas con movimiento envolvente. Agregue los trozos de mandarina y la ralladura cítrica e incorpore con movimiento envolvente para repartir uniformemente sin desinflar la mezcla.

Divida el mousse entre 4 ó 5 copas individuales o coloque en un tazón para servir. Cubra con plástico adherente y refrigere hasta el momento de servir.

Justo antes de servir, adorne el mousse con las almendras tostadas.

RINDE 4 Ó 5 PORCIONES

MANDARINAS

Los españoles fueron los primeros en introducir las frutas cítricas en México durante el siglo XVI. Entre los tipos de fruta que introdujeron estaba la diminuta mandarina, que tiene un sabor refrescante, ligeramente agridulce, y su piel suelta hace que se le pueda pelar con facilidad. Sin embargo, la terminología cítrica puede confundirnos. En los Estados Unidos, algunas variedades de mandarinas se conocen como tangerinas, un nombre que se puso de moda en el siglo XIX cuando se cultivaban muchas mandarinas en el norte de África, cerca de la ciudad de Tánger.

POLVORONES

POLVORONES

Los *polvorones*, de herencia morisca, son galletas desmoronables hechas de manteca idénticas a las que fueron introducidas a México por los españoles, aunque se parecen a otras galletas de manteca que se pueden encontrar en el norte de Europa. En México tradicionalmente se hacían con manteca animal, pero actualmente a menudo se usa manteca vegetal para producir unas galletas más ligeras agregándoles mantequilla para darles sabor. Para las bodas, los *polvorones* se envuelven individualmente en papel de china blanco, se gira el papel para cerrarlo en ambos lados y se recortan las puntas de forma decorativa. Para otras celebraciones se usa papel de china de colores brillantes.

En un tazón, usando una batidora eléctrica a velocidad media, bata la mantequilla con la manteca hasta acremar. Agregue 1½ tazas (150 g/5 oz) del azúcar glass, la ralladura de naranja y el jugo de naranja; bata hasta incorporar.

En otro tazón, bata la harina con las nueces y la sal de mar. Agregue la mezcla de harina a la mezcla de mantequilla, 1 cucharada a la vez, batiendo hasta incorporar por completo. La masa tendrá grumos. Pase la masa a un trozo grande de plástico adherente y presione la masa para formar una bola. Envuelva y refrigere 1 ó 2 horas.

Coloque una rejilla en el tercio superior del horno y precaliéntelo a 165ºC (325ºF). Forre una charola de hornear con papel encerado (para hornear) o una charola para hornear de silicón.

Usando sus manos, amase trozos pequeños de la masa y forme bolas de 2 cm (¾ in). Coloque las bolas sobre charolas para hornear preparadas, dejando un espacio de 2.5 cm (1 in) de separación entre ellas y presione con suavidad para aplanar ligeramente.

Hornee las galletas de 10 a 15 minutos, hasta que las orillas estén ligeramente doradas.

Mientras tanto, coloque la taza restante (90 g/3 oz) de azúcar glass en un tazón poco profundo. Cuando las galletas estén listas, retire la charola del horno. Mientras aún estén calientes, retire las galletas, una a una, con ayuda de una espátula, y revuélquelas en el azúcar. Reserve sobre una rejilla y deje enfriar totalmente, vuelva a revolcar en el azúcar, sacudiendo el exceso.

Sirva las galletas inmediatamente o colóquelas en capas entre hojas de papel encerado en un recipiente hermético y almacene a temperatura ambiente hasta por 3 días.

RINDE APROXIMADAMENTE PARA 3 DOCENAS DE GALLETAS

½ taza (125 g/4 oz) de mantequilla sin sal, a temperatura ambiente

½ taza (125 g/4 oz) de manteca vegetal sólida

2½ tazas (250 g/8 oz) de azúcar glass, cernida

1 cucharadita de ralladura fina de cáscara de naranja

1 cucharada de jugo de naranja fresco

2 tazas (315 g/10 oz) de harina de trigo (simple)

⅔ taza (75 g/2½ oz) de nueces molidas

¼ cucharadita de sal

PASTEL DE CHOCOLATE CON CREMA DE CHILE ANCHO

Aceite vegetal antiadherente en aerosol

1 tablilla (90 g/3 oz) de chocolate mexicano (página 27), picado toscamente

1 taza (170 g/5½ oz) de almendras blanqueadas, tostadas (página 115)

⅓ taza (45 g/1½ oz) de harina de trigo (simple), cernida

¼ taza (20 g/¾ oz) de cocoa en polvo tipo alemán, cernida

2 chiles anchos, sin semillas, tostados (página 108) y molidos (página 114)

½ taza (125 g/4 oz) de mantequilla sin sal, a temperatura ambiente

1 taza (250 g/4 oz) de azúcar granulada

6 huevos enteros, separados, a temperatura ambiente

1 cucharada de licor de Kahlúa o crema de cacao

¼ cucharadita de extracto de almendra (esencia)

1 pizca de sal de mar

Crema Batida de Chile Ancho (vea explicación a la derecha)

Chocolate semi amargo, finamente rallado o rizos de chocolate

Precaliente el horno a 180ºC (350ºF). Cubra la base de un molde desmontable de 23 por 6 cm (9 x 2½ in) con papel encerado (para hornear). Cubra ligeramente los lados del molde con aceite en aerosol. En un procesador de alimentos, combine el chocolate con las almendras hasta moler fino. Pase a un tazón pequeño, agregue la harina, cocoa y 1 cucharada del chile molido y bata hasta integrar. En un tazón grande, usando una licuadora eléctrica a velocidad media, bata la mantequilla aproximadamente 2 minutos, hasta que esté pálida. Reduzca la velocidad a baja y agregue gradualmente ½ taza (125 g/4 oz) del azúcar granulada, apagando la batidora de vez en cuando para raspar los lados del tazón . Aumente la velocidad a media y bata de 3 a 5 minutos, hasta que la mezcla esté ligera y esponjosa. Agregue las yemas de huevo, una a la vez, batiendo hasta que la mezcla esté suave, deteniéndose para raspar los lados del tazón. Con la batidora a velocidad baja, agregue la mezcla de chocolate molido, Kahlúa y extracto de almendras; bata hasta integrar por completo.

En un tazón grande, combine las claras de huevo con la sal de mar. Usando aspas limpias, bata a velocidad baja hasta que esté espumoso. Agregue gradualmente el azúcar granulada restante mientras continúa batiendo. Aumente la velocidad a media-alta y bata aproximadamente 2 minutos más, hasta que las claras formen picos duros y brillantes. Usando una espátula de goma grande, mezcle con movimiento envolvente una tercera parte de las claras con la masa. Incorpore las claras restantes en 2 tandas hasta combinar. Pase la masa al molde preparado y empareje la superficie. Coloque el molde sobre una charola para hornear para retener cualquier escurrimiento. Hornee el pastel de 40 a 45 minutos, hasta que al introducir un palillo de madera en el centro, éste salga limpio. Pase el pastel a una rejilla de alambre y deje enfriar durante 15 minutos. Suelte los lados del molde y retire. Coloque una rejilla de alambre sobre el pastel e invierta el pastel al mismo tiempo que la rejilla. Retire la base del molde y el papel y deje enfriar totalmente.

Bata la crema batida de chile ancho hasta que esté lo suficientemente espesa para mantener su forma. Coloque el pastel sobre un platón, poniendo la parte inferior hacia arriba, y cubra con una capa gruesa de la crema. Cubra con chocolate rallado y sirva.

RINDE DE 10 A 12 PORCIONES

CREMA BATIDA DE CHILE ANCHO

En un tazón pequeño, bata ⅓ taza (80 ml/3 fl oz) de crema espesa (doble) con 1 cucharadita del polvo de chile ancho molido. Deje reposar aproximadamente por 5 minutos. Bata una vez más y vierta en un tazón frío lo suficientemente grande. Agregue 1¼ tazas (310 ml/10 fl oz) más de crema y 1 cucharada de extracto de vainilla (esencia) y, usando una batidora eléctrica a velocidad baja, bata hasta que la crema espese. Aumente la velocidad a media-alta y bata hasta que se formen picos suaves. Reduzca la velocidad a media y agregue gradualmente 3 cucharadas de azúcar glass cernida, batiendo hasta que se formen copos suaves.

PASTEL DE QUESO CON PASITAS AL RON

VAINILLA MEXICANA

Los totonacas del estado de Veracruz fueron los primeros en fermentar y secar la semilla de vainilla, la semilla de una enredadera de orquídea nativa de México. La vainilla ahora crece en muchas zonas tropicales del mundo, siendo Madagascar su mayor productor. La vainilla mexicana, que tiene un fuerte aroma y sabor, es muy cotizada. Sin embargo, antiguamente algunos productores sin escrúpulos crearon una gran escasez al comercializar vainilla de imitación que contenía cumarina, una sustancia altamente tóxica. Siempre busque productos etiquetados como "extracto puro de vainilla" de la región de Papantla en el estado de Veracruz, para obtener el producto mexicano más fino.

Para hacer la costra, mezcle en un tazón las galletas de jengibre molidas con la mantequilla hasta que las migas estén húmedas uniformemente. Pase las migas a un molde desmontable de 23 por 6 cm (9 x 2½ in) y presione uniformemente hacia abajo y a 2.5 cm (1 in) de altura sobre los lados, para formar una costra delgada y uniforme. Refrigere durante 30 minutos.

Precaliente el horno a 180ºC (350ºF). Coloque las uvas pasas en una olla pequeña, agregue el ron y caliente sobre fuego medio aproximadamente 10 minutos, hasta que las uvas pasas estén húmedas y suaves. Retire del fuego y reserve.

En un tazón, usando una batidora eléctrica a velocidad media, bata el queso crema hasta que esté suave. Agregue ¾ taza (185 g/6 oz) del azúcar y 1 cucharadita de la vainilla; bata hasta integrar por completo. Agregue los huevos, uno a la vez, batiendo después de cada adición, justo hasta que estén suaves, deteniéndose para raspar los lados y la base del tazón hasta integrar los ingredientes por completo. Agregue las uvas pasas con ron y la ralladura de naranja; bata hasta incorporar por completo. Vierta el relleno dentro de la costra preparada. Hornee de 50 a 60 minutos, hasta que esté firme. Retire el pastel de queso del horno e inmediatamente colóquelo en el refrigerador sobre una toalla de cocina y deje enfriar durante 15 minutos. Eleve la temperatura del horno a 230ºC (450ºF).

En un tazón, bata la crema agria con el ¼ cucharada (65 g/2 oz) restante del azúcar y las 2 cucharaditas restantes de vainilla. Retire el pastel de queso del refrigerador, cubra uniformemente con la mezcla de crema agria, y vuelva a colocar en el horno para hornear 10 minutos. Pase a una rejilla de alambre y deje enfriar totalmente, tape y refrigere hasta que esté bien frío, por lo menos 24 horas o hasta por 3 días. Para servir, suelte los lados del molde desmontable y retire; deje el pastel sobre la base del molde. Pase el pastel a un platón. Sirva frío o a temperatura ambiente.

RINDE 12 PORCIONES

PARA LA COSTRA:

1½ taza (140 g/4½ oz) de galletas de jengibre finamente molidas (aproximadamente 36)

4 cucharadas (60 g/2 oz) de mantequilla sin sal, derretida

½ taza (90 g/2 oz) de uvas pasas

¼ taza (60 ml/2 fl oz) de ron oscuro

750 g (1½ lb) de queso crema, a temperatura ambiente

1 taza (250 g/8 oz) de azúcar

3 cucharaditas de extracto de vainilla (esencia)

3 huevos

1 cucharadita de ralladura fina de naranja

2 tazas (500 g/16 oz) de crema agria

TEMAS BÁSICOS DE LA COCINA MEXICANA

La comida mexicana es una verdadera fusión de cocinas. Cuando los indígenas integraron el trío de sus ingredientes esenciales maíz, frijol y jitomate así como sus sazonadores chocolate, vainilla y chile con el trigo, carne, arroz, frutas cítricas y especias que introdujeron los españoles, surgió una de las cocinas más populares y excitantes del mundo. A continuación presentamos información que le ayudará una vez más a crear los platillos tradicionales de México en su propia cocina.

TRADICIONES REGIONALES

La comida mexicana, al igual que su tierra, es muy diversa. Este gran país mide más de 3,400 km (2,000 millas) de norte a sur y casi lo mismo de ancho en su frontera norte, incluyendo grandes porciones de desierto, altas cordilleras de montañas, verdes llanos junto al mar, cálidas selvas y fértiles planicies rodeadas por arboladas colinas. Ríos lentos corren a través de lagunas de manglares, mientras que numerosos lagos y más de 9,900 km (6,000 miles) de litorales sobre el Océano Pacífico y el Golfo de México producen peces y mariscos. Cada uno de estos terrenos diferentes tiene plantas y animales totalmente distintos y en cada uno hay gente con historias y cocinas culturales propias.

En general, los estados de la frontera norte se consideran la zona ganadera, en donde se pueden encontrar sencillas carnes asadas a la parrilla, frijoles rojos, tortillas de harina y muchos tipos de queso y productos lácteos. En la zona central, la comida es más compleja. Aún en los años anteriores a la conquista española, las antiguas ciudades de Teotihuacán y Tenochtitlán (actualmente la Ciudad de México) eran el centro de las rutas de comercio más importantes, por lo que los alimentos exóticos de las regiones lejanas del país a menudo se usaban para preparar los platillos locales.

Con la llegada de los españoles (en especial con las religiosas de Puebla), se crearon platillos elaborados como el Mole Poblano (página 26) y los Chiles Rellenos con Salsa de Nuez (página 18). Estos platillos han obtenido un lugar muy importante en el núcleo de la cocina mexicana. Los españoles, después de 300 años de dominación morisca, a su vez estaban influenciados por las tradiciones culinarias del norte de África, incluyendo el uso de ingredientes como las frutas cítricas y el arroz. Cuando los españoles llegaron a México, trajeron también algunos de los alimentos adoptados por ellos. Con el tiempo, estos nuevos ingredientes se convirtieron también en una parte de la herencia culinaria de México.

Los mariscos son la comida preferida en las dos costas, pero en Veracruz, sobre el Golfo de México, se sirve con mayor gusto y variedad. Gran parte de la influencia en esa zona viene del Caribe, que tiene una fuerte influencia española. Las alcaparras y las aceitunas aparecen tanto como los chiles en los platillos locales caseros. Estos tres ingredientes se pueden encontrar en el Huachinango a la Veracruzana (página 25).

La comida de los tres estados que forman la península de Yucatán, ese pulgar plano de tierra que sobresale entre el Golfo de México y el Caribe, refleja fuertemente el pasado maya de sus habitantes indígenas, convirtiéndola en una cocina sumamente diferente a las de otras regiones. La tradición maya de sazonar platillos como el pollo o puerco con achiote (página 113) y cocinarlos bajo tierra como el Pollo Horneado al Pibil (página 66) sigue existiendo en nuestros días.

INGREDIENTES

En un país con tanta diversidad de regiones y tradiciones culinarias, prácticamente no hay límite en la variedad de ingredientes que se pueden encontrar en las cocinas locales. Si tiene la suerte de visitar y hacer sus compras en algún mercado de México, algunos aún en los mismos lugares que ocupaban hace miles de años, estaría sorprendido de la cantidad de frutas, verduras, chiles, hierbas y especias. Es realmente asombroso, en una sola parada puede encontrar todo, ya que hay vendedores que ofrecen desde guajolotes, quesos recién hechos y sal de mar, hasta coloridos manteles de plástico para cubrir su mesa. Pero esto no quiere decir que si un día encuentra una papaya o mango maduro, listo para comerse, usted pueda encontrar la misma fruta en su próxima visita. Los mercados de México reflejan las estaciones del año.

Cada vez más supermercados en los Estados Unidos están manejando ingredientes frescos usados en la cocina mexicana, en especial chiles, tomatillos o tomates verdes y jícamas. Si su mercado no los tiene, sólo pregunte ya que quizás puedan ordenarlos para usted. Si necesita otros ingredientes, revise en las tiendas especializadas en alimentos mexicanos de su localidad, o busque por Internet o en tiendas con entrega a domicilio. A continuación presentamos los cuatro ingredientes básicos de la cocina mexicana.

CHILES

Cuando la mayoría de la gente piensa en comida mexicana, lo primero que llega a su mente es el feroz sabor del chile. Muy rara vez aparece en la mesa un platillo que no tenga chile o que no se acompañe con una salsa de chile. Los chiles, ya sean frescos o secos, son ingredientes indispensables en casi todos los platillos, con excepción de los

dulces y postres, aunque incluso en algunas ocasiones se presentan en ellos.

Aunque todos los chiles tienen cierto grado de picor, éste varía mucho, ya que hay una amplia gama de diferentes sabores. Con excepción de los jalapeños pequeños y los serranos, no trate de sustituir un chile por otro u obtendrá un platillo con un sabor totalmente diferente. Estos dos chiles son diferentes, pues el serrano tiene un sabor más a hierba, pero en realidad se pueden intercambiar satisfactoriamente.

Actualmente hay una gran selección de chiles frescos en la mayoría de los supermercados. El jalapeño y el serrano por lo general se pican y se usan en salsas o se presentan enteros en salmuera. Los jalapeños más grandes algunas veces se rellenan, pero es el poblano grande y regordete el que se rellena más a menudo para los chiles rellenos (vea la receta en la página 18 para Chiles Rellenos con Salsa de Nuez, una versión muy conocida de este platillo). El poblano también se asa frecuentemente y se corta en tiras, o rajas, y se usa como condimento o guarnición.

Algunas veces se asan los chiles frescos y se les retiran sus semillas, se rellenan, rebanan o pican. En la página opuesta se presentan los pasos para asar y quitar las semillas de los chiles. Para más información sobre cómo manejar los chiles frescos, vea la página 39.

1. Asando chiles frescos: Usando pinzas, coloque los chiles directamente dentro o sobre la flama alta de una estufa de gas y voltéelos a menudo hasta que la piel se queme y se ampolle, de 2 a 3 minutos. O ase los chiles sobre una flama muy caliente o un asador de carbón o gas de 3 a 5 minutos, colocándolos tan cerca de la flama como le sea posible. O, si lo desea, ase los chiles sobre una sartén cubierta con papel aluminio, colocándolos tan cerca de la fuente de calor como le sea posible y voltéelos a menudo, hasta que estén negros, de 5 a 10 minutos. (Estos chiles estarán demasiado suaves para poderse rellenar pero se pueden usar en otras recetas.)

2. Asando los chiles al vapor: Después de asarlos, colóquelos en un papel o bolsa de plástico grueso y deje que suden por 8 minutos aproximadamente, para que se suelte la piel. Esto también suavizará la carne, por lo que no debe dejarlos demasiado tiempo.

3. Retirando la piel: Pellizque y retire toda la piel posible. No se preocupe si quedan trocitos quemados.

4. Quitando las semillas a los chiles: Para rellenar (mostrado aquí), use un cuchillo pequeño, abra cada chile a lo largo desde el tallo hasta la punta, dejando un trozo de 12 mm ($\frac{1}{2}$ in) sin cortar cerca del tallo y por lo menos 6 mm ($\frac{1}{4}$ in) de la punta. Sin tocar el tallo, retire las semillas y las membranas con sus dedos. Limpie el interior del chile con una toalla húmeda, revisando que haya retirado todas las semillas y membranas. Seque bien. Para rebanar o picar, abra el chile a lo largo y extiéndalo. Corte el tallo, retire las semillas y membranas.

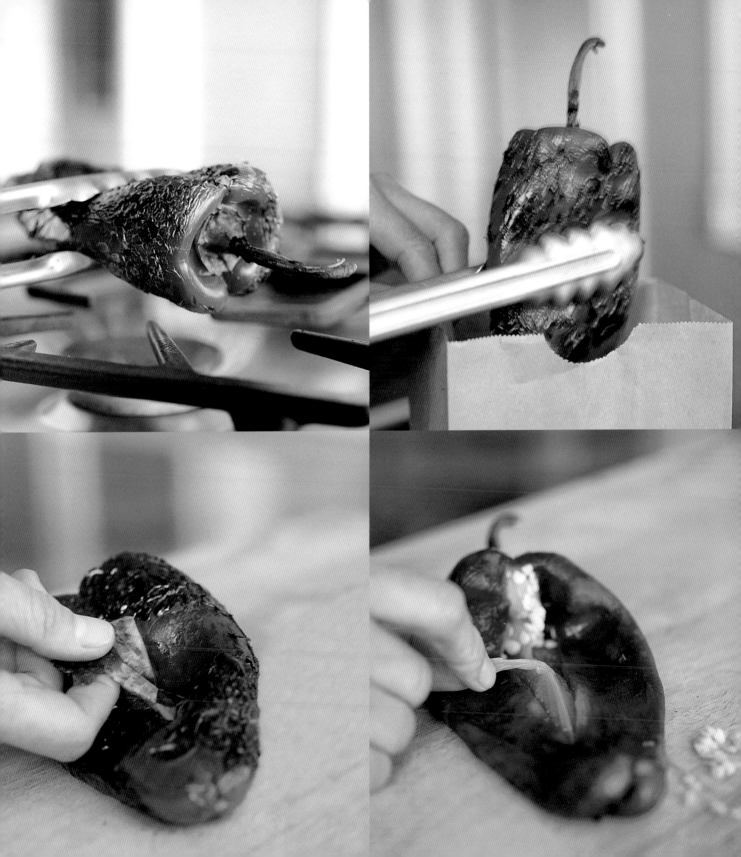

Comprar chiles secos puede ser una tarea complicada, ya que algunas veces están mal etiquetados en el mercado, pero una vez más, cabe mencionar que cada variedad tiene un sabor distinto y los chiles no se pueden usar indistintamente. Algunos chiles secos, como los anchos, pueden rellenarse, pero la mayoría se usan en salsas o como una parte integral de algún platillo como en el caso del mole. Los chiles ancho, mulato y pasilla se usan en el tradicional Mole Poblano (página 26), y el sabor característico del guajillo se encuentra en muchos platillos tipo guisados que incluyen el Tatemado de Puerco (página 85). Algunos de los chiles secos muy picantes, como el chile de árbol, se tuestan y muelen para usar como chile en polvo. Uno de los chiles secos más populares es el chile chipotle, el jalapeño ahumado y seco. Este chile es más común en salmuera o en adobo (página 77), y muchos platillos se benefician de su delicioso sabor.

Para quitar las semillas de los chiles secos, límpielos con una toalla de cocina húmeda, ábralos a lo largo y use un cuchillo pequeño y filoso para retirar las semillas.

Para tostar chiles secos, límpielos con una toalla húmeda y caliente un comal, parrilla o sartén grueso para freír sobre calor medio. Agregue un chile entero o sin semillas, presione firmemente unos segundos con una espátula, voltee el chile y presione hacia abajo durante unos segundos más antes de retirarlo. El chile

debe cambiar de color ligeramente y empezar a soltar su aroma.

MAÍZ

A través de México, el maíz es el elemento culinario más usado. La masa de maíz (página 35) es el ingrediente fundamental en las tortillas de maíz, que son el pan, el plato y la cuchara de la cocina mexicana. También se enrollan alrededor de trozos sazonados de comida para hacer tacos, se doblan sobre queso para hacer quesadillas o se cubren con salsa para hacer enchiladas. También la masa de maíz se amasa y se pellizca para darle varias formas, y dependiendo de la región, se convierte en flautas (página 39) y en otros antojitos (entremeses o botanas). No podemos olvidar el papel que juega la masa en la preparación de los tamales (página 20), que aparecen en el menú mexicano de casi todas las ocasiones especiales.

JITOMATES

El jitomate ha sido un ingrediente esencial de la cocina mexicana desde los tiempos precolombinos. Los cocineros dependen de los jitomates maduros y dulces de color rojo oscuro, a menos que los usen frescos, y por lo general los asan antes de usarlos. Para asar jitomates, cubra una sartén gruesa para freír con papel aluminio grueso y caliéntela sobre calor medio. Ase los jitomates, volteándolos de vez en cuando, hasta dorar su piel y suavizar su interior. La piel más

quemada debe retirarse antes de usarlos.

FRIJOLES

Muy pocos días pasan en los hogares mexicanos sin comer los frijoles ricos en proteína, ya sea de una u otra forma. A través de los años, estas leguminosas sencillas han sido, al igual que la masa de maíz, el alimento fundamental para los mexicanos. Los frijoles negros se cocinan en las regiones del sur, mientras que los frijoles pintos son una costumbre en el norte, pero una infinidad de otras variedades también se cocinan a través del país. Para ver dos platillos básicos de frijol que se pueden servir con las recetas de este libro, o por sí mismos espolvoreados con un poco de queso, vaya a la página 111.

TÉCNICAS Y EQUIPO

Realmente lo que define el platillo de la cocina mexicana es la salsa, no las salsas blandas espesadas con harina, sino las salsas aromáticas con abundancia de sabor que cautivan los sentidos. Si un platillo no se hace con una salsa basada en semillas o nueces como el mole o el pipián, estará cubierta por una robusta salsa de jitomate. Incluso un trozo de carne asada estará acompañado con una salsa en la mesa. Y el marco de todas ellas no solo serán los ingredientes sino también las técnicas y el equipo que se usan para prepararlas.

Hay algunas técnicas esenciales en la cocina mexicana: asar, tostar y sellar. Todas ellas se utilizan para resaltar el sabor entero de los ingredientes en los que se usan.

El jitomate, tomatillo, chile, cebolla o ajo asados, o simplemente poniéndolos en contacto con altas temperaturas, hace que los sabores de los ingredientes se ahumen ligeramente. Se asa poniendo directamente un ingrediente sobre una fuente de calor, así como se hace con los chiles asados sobre una flama en la estufa de gas, o usando un comal, parrilla o sartén gruesa para freír si desea asar ajo, cebollas y jitomates.

Las especias por lo general se tuestan brevemente mientras que las nueces enteras y molidas se tuestan antes de picarlas. El sabor profundo de chiles secos también se intensifica cuando se tuestan ligeramente. Para tostar estos ingredientes, use un comal, parrilla o sartén para freír.

El primer paso para hacer la mayoría de las salsas cocidas de la cocina mexicana es hacer un puré con la mezcla y ponerla en contacto con una superficie caliente cubierta con aceite. Al sellarla los sabores fuertes y dispersos de los ingredientes se concentran y suavizan, formando una mezcla robusta y natural. Además se espesa la salsa y eleva su color. Los cocineros mexicanos tradicionales usan una cazuela de barro (página 113) para cocinar estas salsas, pero se puede sustituir por una olla de metal con base gruesa. Un horno holandés de hierro (cubierto perfectamente con porcelana) es una buena elección ya que sus lados altos evitan las salpicaduras

del puré al entrar en contacto con la su perficie caliente; además retiene bien el calor.

A continuación mostramos otros utensilios que necesitará para preparar muchos de los platillos de este libro.

La licuadora se ha convertido en uno de los utensilios de cocina más importantes en la cocina mexicana. Es indispensable para hacer salsas y ha sustituido al tradicional molcajete o mortero de basalto (página 115) en gran parte del país, menos en las zonas rurales. Un molcajete sigue siendo una herramienta importante para hacer salsas espesas, como las salsas y el guacamole o para moler pequeñas cantidades de especias y semillas. Sin embargo, se ahorra bastante tiempo al usar una licuadora para hacer las salsas suaves. Un procesador de alimentos no se recomienda para mezclar o hacer el puré de las salsas de este libro, ya que no hará totalmente puré los ingredientes más duros como las nueces y las pieles de los chiles secos. Una selección de coladores, incluyendo aquellos de malla mediana y fina, es ideal para colar las salsas licuadas. Al colar una salsa, use el dorso de una cuchara grande, si fuera necesario, para presionar la salsa a través del colador.

Así mismo, un molino eléctrico pequeño para especias o café (página 114) es un excelente utensilio para ahorrar tiempo. Esta máquina muele rápidamente las especias y semillas enteras que es un paso esencial en la cocina mexicana.

Uno de los utensilios usados con más frecuencia en la cocina mexicana es un comal de metal o barro (página 114). Se puede sustituir por una parrilla de hierro fundido o una sartén de hierro fundido gruesa para freír. El comal es un utensilio perfecto para asar y tostar ingredientes, además de que también es esencial para hacer o calentar tortillas.

Se pueden comprar vaporeras auténticas para tamales en la mayoría de las tiendas de abarrotes mexicanos, pero se puede usar cualquier olla grande con una tapa hermética. También necesitará una canasta para vaporera o una rejilla perforada que puede colocarse por lo menos 7.5 cm (3 in) sobre el fondo de la sartén (vea página 21). Las vaporeras mexicanas especiales para tamales tienen una abertura con un canal en la parte inferior, por la que se puede poner más agua a la olla.

Aunque la comida mexicana se puede servir en casi cualquier tipo de vajilla, si no le importa el precio, busque los coloridos platos y platones de Talavera para hacerle justicia. Si desea algo más económico, busque en sus mercados mexicanos locales o en otras tiendas.

RECETAS BÁSICAS

A continuación presentamos algunas de las recetas básicas que se mencionan a través de este libro.

ARROZ BLANCO

2 cucharadas de aceite de canola o cártamo

1½ taza (330 g/10½ oz) de arroz de grano largo

½ de cebolla blanca, rebanada y picada

2 dientes de ajo, finamente picados

2½ tazas (625 ml/20 fl oz) de caldo de pollo *(vea en esta página, a la derecha)*, caldo preparado bajo en sodio, o agua

1 hoja de laurel

Sal de mar

2 chiles serranos o jalapeños (opcional)

En una olla gruesa sobre calor medio, caliente el aceite. Cuando esté caliente, agregue el arroz y mezcle con una cuchara de madera, de 7 a 8 minutos, hasta que el arroz esté tan blanco como el gis y tenga puntos dorados. Cuando el arroz se esté cociendo se oirá como si algo se rompiera en seco.

Agregue la cebolla y el ajo, mezcle y cocine aproximadamente por 1 minuto. Agregue el caldo, hoja de laurel, 1 cucharadita de sal de mar y los chiles enteros, si los usa. Eleve la temperatura a alta, deje hervir y, cuando suelte el hervor, reduzca la temperatura a media y cocine por 4 minutos, moviendo de vez en cuando. Tape, reduzca la temperatura a muy baja y hierva a fuego lento por 15 minutos más, hasta que se absorba el líquido.

Retire del calor y deje reposar, tapado, durante 10 minutos. Antes de servir, retire la hoja de laurel y los chiles y esponje el arroz con un tenedor. Rinde 5 ó 6 porciones.

ARROZ ROJO

1 lata (455 g/14½ oz) de jitomates enteros, drenados

3 cucharadas de cebolla blanca picada

2 dientes de ajo pequeños

¼ taza (60 ml/2 fl oz) de aceite de maíz o cártamo

1 taza (220 g/2 oz) de arroz blanco de grano mediano

⅓ taza (60 g/2 oz) de chícharos frescos o congelados, la misma cantidad de granos de elote frescos o congelados y de zanahoria en cubos sin piel

3 chiles serranos, rebanados por un lado

6 ramas de cilantro fresco, atadas

Sal de mar

Coloque los jitomates, cebolla y ajo en una licuadora y muela hasta suavizar. Reserve. En una olla sobre calor medio-alto, caliente el aceite. Cuando esté caliente, agregue el arroz y mezcle hasta que empiece a cambiar de color, aproximadamente 1 minuto. No deje que se dore. Agregue la mezcla de jitomate y mezcle suavemente. Añada 2 tazas (500 ml/16 fl oz) de agua caliente, los chícharos, granos de elote, zanahoria, chile, cilantro y 1½ cucharaditas de sal de mar. Hierva, moviendo la sartén para mezclar los ingredientes. Reduzca la temperatura a baja. Pruebe el caldo y agregue más sal de mar si fuera necesario, tape y cocine aproximadamente 10 minutos.

Destape y mezcle cuidadosamente para que todo el caldo se integre (la mayoría se habrá absorbido). Vuelva a tapar y cocine hasta que todo el caldo se haya absorbido, cerca de 10 minutos más. Retire del calor y deje reposar, tapado, durante 10 minutos. Antes de servir, retire el cilantro y los chiles y esponje el arroz con un tenedor. Rinde de 4 a 6 porciones.

CALDO DE POLLO, PAVO O CARNE DE RES

1 kg (2 lb) de huesos de pollo o pavo, alas, pescuezos u otras piezas, o 1 kg (2 lb) de huesos de res (de preferencia con tuétano)

1 cebolla blanca, en cuarterones

1 tallo de apio con hojas

3 dientes de ajo

10 granos de pimienta

2 hojas de laurel

Sal de mar

Coloque los huesos y/u otras piezas en una olla grande y agregue 3 l (3 qt) de agua. Agregue la cebolla, apio y ajo. Deje hervir sobre calor medio-alto, retirando la espuma que se forme sobre la superficie. Agregue los granos de pimienta y las hojas de laurel, reduzca el calor a bajo, tape parcialmente y hierva a fuego lento de 3 a 4 horas. Si el líquido se reduce demasiado, agregue 1 taza (250 ml/8 fl oz) de agua o la necesaria para obtener 1½ ó 2 l (1½ –2 qt) de caldo. Siga probando y cuando el sabor esté en su punto, agregue sal de mar al gusto, hierva a fuego lento un poco más y retire del calor. Deje enfriar, cuele a través de un colador de malla fina sobre un recipiente limpio. Cubra y refrigere toda la noche. Al día siguiente, usando una cuchara grande, retire y deseche la grasa endurecida de la superficie.

Cubra y refrigere el caldo hasta por 3 días, o viértalo en recipientes herméticos o bolsas de plástico con cierre hermético y congele hasta por 3 meses. Rinde 1½–2 l (1½–2 qt).

FRIJOLES DE OLLA

500 g (1 lb) de frijoles negros o pintos

2 cucharadas de manteca de cerdo fresca (página 114), grasa de tocino o aceite de canola

½ cebolla blanca, picada toscamente

2 ramas de epazote fresco, si cocina frijoles negros o ramas de cilantro fresco

90 g (3 oz) de *queso fresco* o queso feta, desmoronado, para servir (opcional)

Escoja los frijoles y enjuáguelos desechando cualquier frijol roto o la gravilla. Pase los frijoles a una olla y agregue agua hasta cubrirlos por 7.5 a 10 cm (3-4 in). Hierva sobre calor medio-alto, cuando suelte el hervor reduzca la temperatura a media-baja y hierva a fuego lento.

Mientras tanto, en una sartén pequeña para freír sobre calor medio, derrita la manteca o la grasa o caliente el aceite. Agregue la cebolla y saltee aproximadamente 8 minutos, hasta dorar. Añada a los frijoles, raspando toda la grasa derretida. Cubra parcialmente y cocine los frijoles de 2 a 3 horas, hasta que estén suaves, moviendo ocasionalmente y agregando el agua necesaria para mantener el nivel de agua bastante más arriba que los frijoles. Integre el epazote, si usa frijoles negros, o el cilantro y 1½ cucharadita de sal de mar. Continúe cocinando de 40 a 60 minutos más, hasta que los frijoles estén muy suaves.

Los frijoles durarán hasta por 4 días si se mantienen tapados en el refrigerador. Si sirve los frijoles como están, vierta el caldo y los frijoles en tazones; adorne con el queso, si lo usa, o use en alguna otra receta. Rinde 6 porciones grandes.

FRIJOLES REFRITOS

½ taza (125 g/4 oz) de manteca de puerco fresca (página 114) o ½ taza (125 ml/4 fl oz) de aceite de canola o cártamo

½ cebolla blanca, finamente picada

4 tazas (875 g/28 oz) de frijoles de olla *(vea explicación a la izquierda)* con 2 tazas (500 ml/16 fl oz) de caldo (vea **Notas**)

Sal de mar

90 g (3 oz) de *queso fresco* o queso feta, desmoronado para servir (opcional)

Tiras o totopos de tortilla frita (página 10, opcional)

En una sartén grande y gruesa para freír sobre calor medio, derrita la manteca o caliente el aceite. Agregue la cebolla y saltee, moviendo frecuentemente, durante 5 minutos, hasta que esté dorada y suave.

Integre 1 taza (220 g/7 oz) de los frijoles con un poco de caldo, machacando con un prensador de papas o el dorso de una cuchara grande. Continúe hasta integrar y machacar todos los frijoles y el caldo. Eleve la temperatura a media-alta y cocine aproximadamente 10 minutos, hasta que los frijoles empiecen a secarse. Pruebe y agregue sal de mar, si fuera necesario.

Pase a un platón o a platos individuales precalentados y espolvoree con el queso, si lo usa. Si lo desea, sirva las tiras de tortilla frita a un lado para remojar en los frijoles. Rinde de 4 a 6 porciones.

Notas: Los frijoles refritos, llamados refried beans en los Estados Unidos, más bien se podrían llamar frijoles "bien-fritos". También pueden hacerse con frijoles de lata. Drene y enjuague los frijoles enlatados y sustituya el caldo de frijol por agua.

SALSA VERDE

12 tomatillos o tomates verdes, aproximadamente 500 g (1 lb) en total, sin el papelillo que los recubre, con piel y enjuagados

4 chiles serranos o 2 jalapeños

2 dientes de ajo

Sal de mar

½ taza (75 g/2½ oz) de cebolla blanca finamente picada

2 cucharadas de cilantro fresco finamente picado

Coloque los tomatillos o tomates verdes y los chiles en un cazo sobre calor medio y agregue agua para cubrir. Hierva a fuego lento y cocine, sin tapar, hasta que los tomates estén suaves, aproximadamente 15 minutos.

Escurra, reservando un poco de líquido y páselo a una licuadora. Agregue el ajo y muela brevemente hasta que esté líquido pero aún tenga algunos trocitos. Quizás tenga que agregar hasta ½ taza (125 ml/4 fl oz) del líquido reservado. Vierta en un tazón pequeño para servir e integre ½ cucharadita de sal de mar o al gusto.

Justo antes de servir, incorpore la cebolla y el cilantro. Rinde aproximadamente 2½ tazas (625 ml/20 fl oz).

Preparación por Adelantado: Esta salsa se puede almacenar, tapada, en el refrigerador hasta por 2 días. Si se espesara demasiado, integre aproximadamente una cucharada de agua.

GLOSARIO

Muchas zonas de los Estados Unidos y otros lugares son el hogar de grandes comunidades de mexicanos y tienen tiendas de abarrotes étnicos, así como algunos supermercados cuentan con ingredientes para una gran diversidad de clientes y estilos de cocina. Si no tiene acceso a las zonas en donde se venden ingredientes para la cocina mexicana, busque en tiendas especializadas en alimentos, tiendas de entrega a domicilio y el Internet como buenos medios para conseguir los ingredientes auténticos de la cocina mexicana.

ACITRÓN La presentación ligeramente dulce y cristalizada del cactus de biznaga, puede encontrarse en algunos mercados mexicanos. Se puede sustituir por piña caramelizada.

ACHIOTE, PASTA DE Esta pasta, color naranja oscura, se hace de las semillas duras del árbol tropical del achiote. Las semillas se muelen con especias y se mezclan con ajo y vinagre o con el jugo de naranjas agrias. La pasta es popular en las cocinas de la península de Yucatán. Búsquela en los mercados mexicanos. Una vez abierta, almacene bien tapada dentro del refrigerador.

CANELA EN RAJA, AUTÉNTICA Vea la página 85.

CAZUELA Esta olla de barro pesado se calienta lenta y uniformemente y retiene bien el calor, por lo que es ideal para cocinar y servir platillos como las Albóndigas en Salsa de Chipotle (página

82). Si cuenta con una estufa eléctrica, quizás quiera usar un difusor de calor, un disco de metal que se coloca entre el quemador y la olla, para proteger la cazuela del intenso calor. Siempre cure una cazuela nueva antes de usarla. Lávela bien, frote su exterior con medio diente de ajo grande . Llene con agua, hierva sobre calor medio y hierva a fuego lento durante 30 minutos. Repita una vez más. Si la cazuela no se usa cada mes, repita el proceso de curado antes de usarla. Y, por último, para almacenar alimentos cocinados en una cazuela, siempre páselos a otro recipiente.

CEBOLLAS BLANCAS La mayoría de los cocineros mexicanos usan la cebolla blanca, que tiene un sabor claro y picante que se realza al asarla (pagina 65).

CEBOLLAS MORADAS, MARINADAS Estas cebollas son un aderezo sabroso para muchos platillos mexicanos. En un tazón refractario combine 2 cebollas moradas grandes, finamente rebanadas o picadas, con agua hirviendo hasta cubrir. Deje remojar hasta que las cebollas empiecen a perder su textura, cerca de 2 minutos. Escurra y vuelva a poner en el tazón. Agregue 3 cucharadas de jugo de naranja agria fresca (página 113) o de jugo de limón fresco; 1 chile habanero, tostado y sin semillas (página 106), finamente picado; 1 ½ cucharadita de sal de mar y una pizca de orégano seco. Marine a temperatura ambiente 1 ó 2 horas, moviendo de vez en cuando, tape y refrigere hasta el momento de usarlo o hasta por varias semanas.

CILANTRO Esta hierba introducida por los españoles, se ha convertido en uno de los sazonadores distintivos de México. Sus hojas verde fresco se parecen a las del perejil italiano (liso), pero su aroma fuerte parecido al anís y su sabor muy astringente lo hacen diferente. Use parcamente al principio, hasta que se familiarice con su sabor. Busque las ramas que tengan las hojas más pequeñas para obtener el sabor más puro. También se conoce como cilantro fresco.

COMAL Una parrilla plana y redonda tradicionalmente hecha de barro, aunque también se pueden encontrar de hierro colado u otro metal. Se usa para cocer o calentar tortillas, para tostar semillas o chiles secos, o para tostar ajo, cebollas o jitomates. Puede comprar un comal en los mercados mexicanos.

COMINO Las semillas de un miembro de la familia del perejil, el comino tiene un fuerte sabor. Las semillas enteras recién molidas, a menudo se usan con ajo y otras especias.

CREMA Vea la página 51.

CHILE EN POLVO Los chiles secos, finamente molidos, o el chile en polvo, no se debe confundir con la especia comercial conocida como polvo de chile, que por lo general combina chiles secos molidos, comino, orégano y otros sazonadores y que se usa para sazonar el famoso guiso del sur de los Estados Unidos del mismo nombre. El chile en polvo puro, ya sea hecho de chile ancho o alguna otra variedad de chile, se puede encontrar en los mercados bien surtidos o las tiendas especializadas en alimentos mexicanos o, si desea, puede hacer el suyo propio.

CHILES FRESCOS A continuación presentamos la descripción de los chiles frescos usados en este libro. Si desea información sobre cómo manejar los chiles frescos, vea la página 39. Si desea información acerca de cómo asar y quitar semillas a los chiles frescos, vea la página 106.

Güero: Cualquier chile de piel clara, por lo general de color amarillo claro o güero, aproximadamente de 10 cm (4 in) de largo y 2.5 cm (1 in) de ancho, con punta. Puede ser bastante picante.

Habanero: Un chile pequeño verde, amarillo o naranja con forma de linterna que es sumamente picante y tiene un sabor frutado característico.

Jalapeño: Un chile verde oscuro y grueso que por lo general mide 5 cm (82 in) de largo. Puede ser muy picante.

Poblano: Lleva su nombre por el estado de Puebla. Es un chile brillante de color verde oscuro, con punta y base gruesa. Los chiles poblanos miden aproximadamente 13 cm (5 in) de largo y son ligeramente picantes.

Serrano: Un chile pequeño, delgado y brillante que es muy picante y tiene un sabor muy ácido. Puede ser verde o rojo cuando está maduro.

CHILES, MOLIENDO CHILES SECOS
Para moler chiles secos, retire las semillas y luego tuéstelos (página 108). Muela los chiles tostados en un molino de especias.

CHILES SECOS A continuación presentamos los chiles secos que se usan en este libro. Para tener más información sobre cómo quitar las semillas y tostar chiles secos, vea la página 108.

Ancho: Vea la página 14.

De árbol: Un pequeño y delgado chile de color rojo anaranjado de aproximadamente 7.5 cm (3 in) de largo y con piel suave. Estos chiles son extremadamente picantes y se usan para salsas de mesa.

Chipotle: Vea la página 82.

Guajillo: Un chile rojo muy conocido, de color rojo marrón, largo y puntiagudo y con piel suave. Su nivel de picor varíe de medio-picoso a picoso y tiene un sabor muy fuerte.

Mulato: parecido al chile ancho, pero de tono café más oscuro. Tiene un sabor fuerte a chocolate, picor medio o suave y una piel arrugada.

Pasilla: Este chile brillante, delgado y arrugado mide aproximadamente 15 cm (6 in) de largo y tiene una punta obtusa. Es de color negro marrón, tiene un sabor complejo y por lo general es bastante picante.

EPAZOTE Vea la página 44.

HOJAS DE LAUREL Las hojas de laurel que se usan en la cocina mexicana son similares a las del laurel de California. A menudo usadas con mejorana, tomillo y orégano, las hojas de laurel se venden en manojo en los mercados mexicanos como hierbas de olor.

JÍCAMA Vea la página 52.

MANTECA DE CERDO La manteca que sale del puerco, proporciona un delicioso sabor a muchos platillos mexicanos, incluyendo a los tamales (página 20) y los Frijoles Refritos (página 111). Viene empacada comercialmente, pero la manteca casera tiene más sabor. Para hacer su propia manteca: Corte 500 g (1 lb) de grasa de puerco de buena calidad en cubos pequeños o use un procesador de alimentos para picarla más finamente. Precaliente el horno a 150ºC (300ºF). Coloque la grasa en una sartén grande y gruesa, de preferencia de hierro fundido y colóquela en el horno. A medida que se derrita, pase la grasa derretida a través de un colador de maya mediana sobre un recipiente refractario. Continúe cocinando de 30 a 45 minutos, hasta que se haya derretido toda la grasa y sólo quede un trozo crujiente ligeramente dorado. Cubra y almacene en el refrigerador por varios meses. Nota: la manteca de puerco tiene la mitad de colesterol que la mantequilla.

MASA Vea la página 35.

MOLCAJETE Este mortero de basalto con tres patas, junto con su acompañante el tejolote (su mano), se usa para moler ingredientes para hacer salsas, en especial algunas salsas y el guacamole. Los molcajetes se pueden encontrar en muchos mercados mexicanos u ordenar por correo a través de tiendas especializadas en utensilios de cocina. Busque un mortero gris oscuro o negro con poros pequeños, para que el líquido no se escurra. Para preparar el molcajete antes de usarlo, agregue un puño de arroz crudo y muela hasta hacer polvo. Repita la operación de 4 a 6 veces, hasta que no se vean trozos pequeños de la gravilla de la piedra. Enjuague bien.

MOLINO DE ESPECIAS Un molino de especias o de café pequeño, eléctrico, de mesa que se usa para especias, es muy útil no sólo para moler rápidamente las especias, sino también sirve para chiles, semillas y nueces, paso esencial de muchas recetas mexicanas. Los chiles recién molidos y otros ingredientes proporcionarán un sabor más completo, por lo que se deben moler justo antes de usarlos.

NARANJA AGRIA Una fruta cítrica que crece en algunas regiones de México, la naranja agria se usa ampliamente en la cocina de la península de Yucatán. Su forma es ligeramente redonda y su piel es muy tosca. Se usa por su jugo, no para comerse. El sabor es bastante ácido. Las naranjas agrias algunas veces se encuentran en los mercados latinos de Estados Unidos, en especial en Texas, California y Arizona, en donde crecen fácilmente. Si una receta pide jugo de naranja agria y no puede encontrar esta fruta, puede sustituirlo por otros jugos cítricos. En un tazón mezcle 2 cucharadas de jugo de naranja, 2 cucharadas de jugo de toronja y 4 cucharaditas de jugo de limón fresco. Use de inmediato o tape y refrigere hasta por 2 días, aunque el sabor cambiará.

NUECES, TOSTANDO para tostar piñones, nueces picadas y almendras rebanadas o peladas, precaliente el horno a 135ºC (275ºF). Extienda las nueces en una sartén pequeña y poco profunda y tueste en el horno de 5 a 10 minutos, hasta que aromaticen y empiecen a tomar color. Retire del horno, pase a un plato y deje enfriar.

ORÉGANO En México existen más de trece variedades de plantas llamadas orégano, pero la variedad más común, Lippia graveolens de la familia verbena, es la conocida como "orégano mexicano". Tiene un sabor más pronunciado que las variedades del Mediterráneo y se puede encontrar en los mercados mexicanos y en muchos supermercados.

PLÁTANO MACHO De la misma familia que el plátano, el plátano macho grande, de tres lados, es más firme y tieso. Siempre se cocina antes de comerse. Cuando está maduro, el plátano macho tiene la piel casi uniformemente negra y se podrá presionar fácilmente.

POLLO POCHÉ Para hacer el pollo poché que se pide en algunas de las recetas de este libro, coloque 1 kg (2 lb) de pechugas o muslos de pollo en un cazo, agregue agua hirviendo y tape, y coloque sobre calor medio-alto hasta que el agua vuelva a hervir, retirando la espuma que se forme sobre la superficie. Reduzca el calor a medio-bajo y agregue una rebanada de cebolla blanca, 4 granos de pimienta y 1 diente de ajo. Tape y hierva a fuego lento hasta que la carne esté totalmente opaca, cerca de 20 minutos. Agregue sal de mar al gusto durante los últimos 5 minutos.

QUESO FRESCO El queso fresco es un queso suave y sabroso de leche de vaca ligeramente salado que se desmenuza o rebana antes de agregarlo a algunos platillos. El queso feta suave puede sustituirlo, pero debe enjuagarse antes para retirar el exceso de sal.

SAL DE MAR El sabor más fuerte de la sal de mar es ideal para cocinar comida mexicana. Si se sustituye por sal kosher, se puede agregar un poco más. Si una receta necesita cocerse durante mucho tiempo, como los frijoles hervidos a fuego lento, siempre agregue la sal al final del cocimiento, ya que el sabor se concentrará a medida que se reduzca el líquido.

SEMILLAS DE CALABAZA Las semillas, especialmente de la calabaza (pepitas), han sido una parte importante de la cocina mexicana desde tiempos precolombinos, tanto para espesar como para agregar sabor. Las semillas crudas de la calabaza verde se pueden encontrar en tiendas de alimentos naturales y en muchos supermercados. Siempre se tuestan antes de usarse.

TOMATILLOS O TOMATES VERDES Vea la página 17.

TORTILLAS CALENTANDO Para calentar tortillas y servirlas como acompañamiento de muchos platillos mexicanos, envuelva pilas de 5 tortillas en papel aluminio y caliente en un horno a 135ºC (275ºF) de 5 a 10 minutos. Para calentar menos tortillas, colóquelas de una a una, sobre un comal, rejilla o sartén para freír sobre temperatura baja y caliente por varios segundos sobre cada lado.

TORTILLA PRENSA PARA Las prensas de metal con gozne para hacer tortillas se pueden encontrar en las tiendas de abarrotes mexicanos y en las tiendas y catálogos especializados en utensilios de cocina. Busque las prensas pesadas de hierro forjado de 15 cm (6 in) con una separación de 3 mm (1/8 in) entre las placas si se mide del lado del gozne. Evite las prensas de aluminio más ligeras, que no son eficientes y se rompen con facilidad.

ÍNDICE

DEGUSTIS
Es un sello editorial de
Advanced Marketing, S. de R.L. de C.V.
Aztecas 33, Col. Sta. Cruz Acatlán, C.P. 53150 Naucalpan, Estado de México

WILLIAMS-SONOMA
Fundador y Vicepresidente: Chuck Williams
Compras: Cecilia Michaelis

WELDON OWEN INC.
Presidente Ejecutivo: John Owen; Presidente: Terry Newell;
Vicepresidente, Ventas Internacionales: Stuart Laurence; Director de Creatividad: Gaye Allen;
Editor de Serie: Sarah Putman Clegg; Editor Asociado: Heather Belt; Diseño: Teri Gardiner;
Director de producción: Chris Hemesath; Gerente de Color: Teri Bell;
Coordinación de Embarques y Producción: Libby Temple

Weldon Owen agradece a las siguientes personas por su generosa ayuda y apoyo en la
producción de este libro: Editor de Copias: Kris Balloun; Editor Consultor: Sharon Silva;
Estilistas de Alimentos: Kim Konecny y Erin Quon; Asistente de Fotografía: Faiza Ali;
Corrección de Estilo: Desne Ahlers y Arin Halley; Índice: Ken DellaPenta;
Supervisión de la Edición en Español: Francisco J. Barroso Sañudo

Título Original: Mexican   Traducción: Concepción O. De Jourdain, Laura Cordera L.
Mexicana de la Colección Williams-Sonoma fue concebido y producido por Weldon Owen Inc.,
en colaboración con Williams-Sonoma.

Una Producción Weldon Owen Derechos registrados © 2003 por Weldon Owen Inc, y Williams-Sonoma Inc.

Derechos registrados © 2004 para la versión en español: Advanced Marketing, S. de R.L. de C.V.
Aztecas 33, Col. Sta. Cruz Acatlán, C.P. 53150 Naucalpan, Estado de México

Derechos de Autor bajo los convenios International, Pan American y Universal Copyright. Todos los derechos
reservados. Ninguna parte de este libro puede ser reproducida o transmitida en ninguna forma o por ningún
medio electrónico o mecánico, incluyendo fotocopiado, grabación o cualquier sistema que almacene y
recupere información, sin un permiso por escrito del editor.

Presentado en Traján, Utopía y Vectora.

ISBN 970-718-162-1

Separaciones de color por Bright Arts Graphics Singapur (Pte.) Ltd.
Impreso y encuadernado en Singapur por Tien Wah Press (Pte.) Ltd./Printed and bound in Singapore by Tien Wah Press (Pte.) Ltd

4 5   06 07 08

UNA NOTA SOBRE PESOS Y MEDIDAS

Todas las recetas incluyen medidas acostumbradas en Estados Unidos y medidas del sistema métrico.
Las conversiones métricas se basan en normas desarrolladas para estos libros y han sido
aproximadas. El peso real puede variar.